MUSÉE

DU LOUVRE.

PRIX : 1 FR. 50 C.

NOTICE SOMMAIRE

DES

MONUMENTS ÉGYPTIENS

EXPOSÉS DANS LES GALERIES

DU MUSÉE DU LOUVRE,

PAR

LE VICOMTE EMMANUEL DE ROUGÉ,

MEMBRE DE L'INSTITUT,

CONSERVATEUR DES MONUMENTS ÉGYPTIENS AU MUSÉE DU LOUVRE.

NOUVELLE ÉDITION.

PARIS,

CHARLES DE MOURGUES FRÈRES,

Imprimeurs des Musées nationaux.

RUE JEAN-JACQUES ROUSSEAU, 58.

1873.

AVERTISSEMENT.

———

La première édition de cette Notice remonte à l'année 1855. Depuis cette époque, l'accroissement de la collection égyptienne a nécessité de nouveaux aménagements, desquels il résulte que les désignations données par le livret ne sont plus d'accord avec le classement actuel des monuments. De plus, les immenses progrès accomplis dans le déchiffrement des hiéroglyphes pendant ces vingt dernières années ont dû entraîner certaines modifications du texte primitif et certaines indications nouvelles. M. de Rougé, comprenant l'urgence d'une édition rectifiée, se préparait à l'exécuter lorsqu'une mort bien cruelle et bien imprévue est venue nous enlever cet éminent égyptologue qui était une des gloires de la science française.

Cependant l'intérêt du public ne permettait pas à l'administration du Louvre de supprimer un livret très-apprécié des visiteurs, et qui fait autorité dans le monde savant ; car, malgré son peu d'étendue et sous sa forme modeste de catalogue, c'est un excellent manuel d'initiation aux études d'archéologie égyptienne. On ne pouvait, non plus, continuer de le mettre en vente dans sa rédaction première. En conséquence, j'ai cru devoir m'imposer le travail de révision que mon vénéré maître n'avait pas eu le temps d'accomplir. Toutefois, je me suis fait un devoir de respecter son texte, en n'introduisant que sous forme de notes, signées de mes initiales P. P., les additions que j'ai jugées nécessaires, ou en plaçant entre crochets, dans le corps de l'ouvrage, les descriptions d'objets nouveaux.

Du reste, les modifications d'ordre purement scientifique sont presque nulles. Le coup d'œil de M. de Rougé était si pénétrant et si sûr, ses assertions étaient si prudentes que les nouvelles découvertes ont en général confirmé ses vues, loin de les contredire ou même de les modifier.

Ce livret pourra, je l'espère, fournir encore une longue carrière et permettre aux hommes d'étude d'attendre les catalogues détaillés qui le compléteront, mais qui ne le remplaceront pas.

15 janvier 1873.

PAUL PIERRET,

Conservateur-Adjoint du Musée Égyptien.

AVANT-PROPOS.

Un musée égyptien n'était, au commencement de notre siècle, qu'une collection d'objets antiques dont la signification, l'âge et souvent la véritable origine restaient également inconnus. S'il n'en est plus de même aujourd'hui ; si nous pouvons expliquer la destination de chaque monument et définir son âge historique; si nous savons nommer les souverains qui ont construit ou réparé les temples d'Égypte, et reconnaître leurs figures dans les statues de nos musées; si la religion de Thèbes et de Memphis a laissé pénétrer ses principaux mystères, c'est à Champollion que revient la gloire d'avoir créé ces lumières inespérées. Les travaux de notre illustre compatriote ont fondé toute une science nouvelle. Avant qu'on eût déchiffré les textes égyptiens, on ne connaissait, de l'histoire des Pharaons, que quelques traditions recueillies par les auteurs grecs et reproduites dans des récits incomplets et souvent contradictoires. Des listes de rois, peu concordantes entre elles et d'une authenticité douteuse, donnaient seules quelques idées sur la succession des temps et sur les grandes révolutions qu'avait subies la vallée du Nil. Aussi les premiers chronologistes chrétiens n'avaient-ils pas pu établir une concordance satisfaisante entre l'histoire hébraïque et l'histoire égyptienne pour les événements rapportés dans la Bible, même jusqu'à l'époque de Salomon. Au delà, tout était incertitude. Si les voyageurs continuaient d'âge en âge à venir admirer les ruines de Thèbes, ils n'y trouvaient plus, comme au temps des Romains, le prêtre qui pouvait leur expliquer les scènes sculptées sur les vieux pylônes; l'époque historique des monuments, le nom des rois vainqueurs et celui des nations vaincues, tout était retombé dans un oubli qu'on pouvait croire éternel.

Même après la grande publication de la commission d'Égypte, on n'avait pas remarqué, sur les monuments des époques les plus distantes, des différences assez sensibles pour qu'on pût songer à tracer une histoire de l'art égyptien, et l'on avait cru trouver des indices de la plus extrême antiquité sur les temples que nous reconnaissons aujourd'hui pour les œuvres des Ptolémées et des Césars.

La confusion était à peu près aussi complète en ce qui concerne la mythologie des Égyptiens : défigurée, chez les auteurs grecs, par des assimilations arbitraires avec les divinités helléniques; étouffée, chez les gnostiques, sous les superstitions empruntées à divers peuples d'Asie; interprétée d'une manière suspecte tant par les premiers apologistes chrétiens que par les philosophes néoplatoniciens, la religion de la vallée du Nil restait aussi peu connue dans ses détails que dans ses croyances fondamentales.

Nous sommes heureusement sortis de cette complète ignorance à la suite de Champollion ; mais, pour jouir des résultats que nous devons au déchiffrement des hiéroglyphes, avec une entière sécurité d'esprit et avec une conviction éclairée sur la certitude de nos méthodes de déchiffrement, il faudrait se livrer à des études longues et difficiles que peu d'hommes instruits ont le temps ou la volonté d'entreprendre. Un esprit raisonnable sera néanmoins entraîné à nous accorder quelque croyance en remarquant que tous les pays civilisés comptent aujourd'hui, parmi l'élite de leurs savants, des hommes qui consacrent leurs veilles à cette étude si féconde.

Il sera peut-être utile, pour augmenter la confiance que nous demandons aux lecteurs, d'exposer brièvement à l'aide de quels moyens le déchiffrement des textes égyptiens a été entrepris et se poursuit aujourd'hui avec tant de succès dans tous les centres scientifiques de l'Europe.

Le premier espoir du déchiffrement des hiéroglyphes fut donné par une inscription trouvée à Rosette et conçue en trois sortes d'écritures. La partie grecque faisait savoir que le même texte devait être reproduit sur ce monument, d'une part en langue grecque, et, de l'autre, dans l'écriture sacrée et dans l'écriture vulgaire de l'Égypte. Young, le premier, entreprit de décomposer en lettres le nom du roi Ptolémée. Le groupe où l'on croyait le reconnaître était désigné à l'attention par une sorte de nœud ou d'enroulement elliptique que nous nommons *cartouche*, et dans lequel se trouvaient renfermés les signes servant à écrire le nom royal. Mais, quoique Young eût rencontré juste, quant au nom lui-même et quant à la valeur de certaines lettres, cet essai resta stérile entre ses mains, parce qu'il ne sut pas, dans son déchiffrement, démêler les vrais principes de l'écriture égyptienne. Champollion, reprenant cette idée, et comparant le nom de Ptolémée à celui de Cléopâtre, trouvé sur un autre monument bilingue, réussit à assurer la valeur d'un certain nombre de lettres. A l'aide de cette première découverte, il eut bientôt déchiffré beaucoup d'autres noms grecs et romains, écrits en hiéroglyphes sur les monuments. Un second pas lui livra quelques mots égyptiens écrits avec ces mêmes lettres, et il put, du même coup, constater plusieurs principes très-féconds : 1° il y avait, au milieu des autres signes, un certain nombre de lettres simples ou un alphabet hiéroglyphique; 2° ces lettres ne servaient pas seulement à écrire des noms propres étrangers, mais aussi des mots égyptiens; 3° ces mots, dont le sens était connu par le texte grec, s'expliquaient très-bien par la langue copte, langue usuelle des premiers chrétiens d'Égypte.

Ces premières conquêtes portaient exclusivement sur les caractères égyptiens *alphabétiques*, mais les anciens attestaient unanimement que les Égyptiens avaient possédé des caractères symboliques, c'est-à-dire des signes qui valaient à eux seuls un mot, une idée entière. On connaissait même, par divers auteurs, l'explication de plusieurs de ces signes. Champollion retrouva et expliqua, par le texte grec de Rosette, un grand nombre de ces caractères symboliques. Il entrait dès lors dans l'intelligence des lois savantes et harmonieuses qui enchaînaient, chez les Égyptiens, l'usage simultané de ces deux sortes de caractères qui se fondaient en un seul système d'écriture. Ses idées, exposées de plus en plus clairement dans ses publications successives, furent enfin réduites en un code régulier dans sa grammaire hiéroglyphique. Il ne put mettre la dernière main à cet ouvrage, qui ne parut qu'après sa mort. La tâche de ses successeurs fut encore immense : il fallait donner aux diverses formules de l'écriture hiéroglyphique plus de précision, aux valeurs proposées une démonstration plus rigoureuse ; il fallait poursuivre l'œuvre à peine commencée du dictionnaire et compléter la grammaire, dont la syntaxe n'était pas même ébauchée ; il était nécessaire de comparer l'ancienne forme de la langue, constatée par le déchiffrement, avec les divers dialectes du copte, et de reconnaître les lois qui avaient présidé à la dégénérescence du langage antique. L'écriture vulgaire n'avait encore laissé pénétrer qu'empiriquement la valeur de quelques-uns de ses groupes ; sauf une partie de l'alphabet, tout le système restait à découvrir. Il fallait enfin, à l'aide de la nouvelle méthode, étudier l'ensemble des monuments égyptiens, bibliothèque de pierres et de papyrus aux myriades de volumes ; car Champollion n'avait pu qu'esquisser les premières notions de l'histoire et de la mythologie que ses lectures hardies venaient de lui révéler.

Chaque partie de cette immense étude a été l'objet de

grands travaux, et l'école de Champollion voit chaque année
paraître quelque savant mémoire ou quelque belle publication de planches, où les inscriptions sont sauvées à jamais
de la destruction qui les menace sur le sol égyptien. Après
les recueils de la commission d'Égypte, de Champollion et de
Rosellini, la magnifique collection publiée par M. Lepsius,
offre à la science une telle quantité de monuments inédits,
qu'il semble, en les étudiant, que la vallée du Nil n'ait
encore été parcourue par aucun dessinateur (1).

Tous ces efforts ont porté leurs fruits : on peut aujour-
d'hui traduire les trois quarts des plus longues inscriptions,
quelquefois plus, quelquefois moins, suivant la difficulté du
sujet.

Il est nécessaire d'expliquer ici les différences qui existent entre les trois systèmes d'écriture qui furent usités en
Égypte. La première espèce était composée de figures d'animaux ou d'autres objets dessinés ou gravés. C'était spécialement l'écriture monumentale; on l'appelle l'*écriture hiéroglyphique.* Lorsqu'on s'en servait pour écrire les volumes de
papyrus, on la disposait généralement en colonnes, et les
formes des objets, devenues très-cursives, s'altéraient sensiblement.

Une plus grande abréviation des même signes, appropriée
à l'usage rapide du calame, se nomme l'*écriture hieratique;*
elle est disposée ordinairement en lignes horizontales et
se lit de droite à gauche, comme les écritures dites sémiti-
ques. Son intelligence présente donc une première difficulté
de plus, à savoir de reconnaître chacun des signes hiéroglyphiques ainsi abrégés. On s'est servi de cette écriture,

(1) Depuis que ces lignes ont été écrites, de nombreux recueils de
monuments ont été publiés par MM Brugsch, Dümichen, Naville, etc.
Notre savant compatriote, M. Aug. Mariette, a également livré à l'étude
le résultat des fouilles opérées à Abydos, à Gebel-Barkal et à Denderah,
par les ordres du vice-roi d'Égypte, et publié une notable partie des
manuscrits que possède le musée du Caire. (P. P.)

depuis des temps extrêmement reculés, pour écrire les livres sur le papier indestructible que donnait l'écorce du papyrus.

La troisième écriture, celle que les Grecs ont appelée *démotique* ou vulgaire, est une dernière simplification et une altération de l'écriture hiératique. On la trouve usitée pour les usages civils depuis le septième siècle avant notre ère; elle servait à écrire les textes rédigés dans la langue vulgaire, laquelle s'éloignait dès lors considérablement de la langue antique, dont les prêtres conservaient l'usage pour les textes sacrés. L'écriture démotique est aussi devenue accessible dans son ensemble, surtout depuis les travaux du docteur Brugsch, de Berlin, qui a rédigé la grammaire de la langue et de l'écriture vulgaire des égyptiens.

J'ai dit que l'on comprenait plus ou moins complétement les textes égyptiens, suivant la difficulté du sujet; il est facile de se rendre compte des obscurités toutes particulières qu'offrira, par exemple, un texte mythologique, souvent mystérieux à dessein. Les métaphores hardies des hymnes ou des récits poétiques seront moins facilement saisies qu'une généalogie ou un simple récit. Il y a, en effet, dans les textes égyptiens qui nous sont parvenus, des matières de toute espèce, outre les légendes et les grandes inscriptions, dont nous donnerons une idée dans cette notice en expliquant les monuments.

La plupart des manuscrits égyptiens que l'on a retrouvés ne contiennent que des textes funéraires. Ce sont des extraits plus ou moins longs du livre des morts dont nous exposerons le sujet à la salle funéraire; mais on a aussi rencontré quelques manuscrits d'un autre ordre. Une sorte de petite bibliothèque, trouvée à Thèbes, nous a donné des fragments de toute espèce écrits vers l'époque de Moïse. Plusieurs de ces fragments sont datés, ce qui nous permet d'affirmer qu'ils appartiennent à la littérature qu'a dû étudier dans sa jeunesse le grand législateur des Hébreux.

Livres de morale et de médecine, textes mythologiques et calendriers, récits et poëmes historiques, ou simples exercices littéraires, on y a reconnu des fragments de toute espèce. J'ai même eu le bonheur d'y rencontrer une sorte de légende merveilleuse, analogue à certains récits orientaux, mais empreinte d'une couleur tout égyptienne, et qui n'est pas sans analogie avec l'histoire du patriarche Joseph (1).

RÉSUMÉ DE L'HISTOIRE D'ÉGYPTE.

Les annales égyptiennes commençaient, comme celles des autres peuples, par des légendes se rapportant à des dieux, des demi-dieux et des héros fabuleux. Ménès était indiqué comme le premier des rois humains qui eût réuni sous un même sceptre toute la monarchie égyptienne. Les monuments confirment cette tradition. On trouve le cartouche de Ménès à la tête de ceux des rois historiques, et nous connaissons quelques traces d'un culte commémoratif qui lui fut rendu à Memphis. L'histoire lui attribuait la construction de la grande digue qui détourna le cours du Nil pour obtenir l'emplacement de cette capitale de la basse Égypte. Nous ne voyons pas de raison sérieuse pour douter de la réalité de ce fait, quoique nous ne connaissions aucun monument contemporain de ce roi. Manéthon, l'historien national, a divisé la série des rois successeurs de Ménès en dynasties, et nous nous servirons de ce terme pour classer les faits dans la série des âges; le vague même que laisse dans l'esprit l'expression de dynastie convient à merveille à l'incertitude absolue dans laquelle nous laissent les divers systèmes quant à la chronologie de ces premières époques.

(1) Cette légende a été publiée dans l'*Athenæum français*, en 1852, sous le nom de l'*Histoire des deux frères*.

Nous ne savons rien de précis sur les deux premières dynasties ; le premier monument auquel nous puissions assigner
un rang certain se place vers la fin de la troisième : c'est
un bas-relief sculpté à Ouadi-Magara ; il représente le roi
Snéwrou faisant la conquête de la presqu'île du Sinaï. Ce roi,
souvent cité depuis, fonda, le premier, un établissement
égyptien pour exploiter les mines de cuivre de cette localité (1).

Ses successeurs furent célèbres dans le monde antique ;
Hérodote a conservé leur mémoire: ce sont les auteurs des
pyramides de Gizeh. C'est au groupe de la quatrième dynastie
qu'appartiennent les rois *Khouwou* (Chéops), *Khawra* (Che-
phren) et *Menkérès* (Mycérinus). Ainsi, dès la quatrième dynastie, les rois d'Égypte avaient la puissance et la richesse nécessaires pour se livrer à ces colossales entreprises dont la
grandeur n'a jamais été surpassée. Ces rois possédaient probablement la Thébaïde en même temps que la basse Égypte.
Ce qui est certain, c'est qu'ils sont cités sur les monuments
de Thèbes parmi les ancêtres royaux des souverains thébains. Les bas-reliefs sculptés à Ouadi-Magara sont les seuls
de cette époque qui nous rappellent des expéditions mili-
taires ; mais les temples et les palais sont écroulés, les tombeaux seuls ont survécu.

Ces mêmes tombeaux nous conduisent, à travers une
période où l'empire paraît avoir été divisé, jusqu'à une famille qui a laissé plus de trace dans les monuments. Le
personnage le plus remarquable des successeurs de Menkérès semble avoir été le roi *Pépi-meri-ra*. Il régnait sur la
haute Égypte et sur l'Égypte moyenne ; il était également
maître des établissements égyptiens du Sinaï. Peut-être
même réunissait-il tout l'empire sous son sceptre ; les mo-

(1) L'identification avec le cuivre du métal ou minéral exploité par les
Égyptiens au Sinaï, et qu'ils nommaient *Mawek*, est aujourd'hui très-
contestée. (P. P.)

numents de son règne sont assez nombreux, et l'on conjecture, avec vraisemblence, qu'il est le même que le roi *Phiops*, placé par Manéthon dans la sixième dynastie, avec un règne de près de cent ans.

La première dynastie *thébaine* est la onzième dans l'ordre de Manéthon ; il paraît certain qu'elle se composa de souverains partiels : le nom dominant dans cette famille se lit *Antew*. On a trouvé à Thèbes le tombeau de ces princes, et notre musée possède deux cercueils qui en proviennent.

La seconde époque de grandeur pour la monarchie égyptienne, réunie alors sous un seul sceptre, commença avec la douzième dynastie.

Manéthon nomme le premier roi Aménémès (*Amenemha*, des monuments). Ici les inscriptions, plus nombreuses, permettent déjà d'apprécier plus complétement l'état de l'Égypte sous cette puissante famille. Au nord, ses rois possédaient la presqu'île du Sinaï, et ils se vantent de leurs continuelles victoires sur les peuples voisins. Au midi, la douzième dynastie étendit au loin sa domination. Ousourtasen Ier avait reculé ses frontières jusqu'à Ibsamboul ; ses successeurs les portèrent jusqu'à Semneh et assurèrent à l'Égypte la possession de toute la Nubie. La vallée du Nil se couvrit de temples ; la province du Fayoum vit s'élever le Labyrinthe, autre merveille du monde antique, et de nouvelles pyramides continuèrent la rangée majestueuse des tombes royales sur la limite du désert.

Les peintures des tombeaux conservés à Beni-Hassan font voir que les Égyptiens connaissaient dès lors les diverses variétés de la race humaine, et que le commerce ou la guerre les avait déjà mis en rapport avec les nations asiatiques.

La fin de cette dynastie, où nous trouvons une reine nommée *Sebeknowréou*, semble avoir amené des divisions. Quelques savants pensent que, dès le commencement de la treizième dynastie, arrivèrent les invasions des peuples nomades de l'Asie, que l'histoire nous désigne sous le nom de pasteurs. Il faut néanmoins remarquer que les rois nommés *Sebekhotep* et *Nowrehotep*, qui appartiennent à cette dynastie, étaient encore de puissants princes. Nous avons une grande statue de granit rose représentant Sebekhotep III, qui fut trouvée, dit-on, dans la basse Égypte. Un de ses successeurs faisait élever d'immenses colosses dans l'île d'Argo, au fond de l'Éthiopie. Tous ces travaux semblent indiquer encore une souveraineté paisible. On possède une très-longue liste des rois qui suivirent les *Sebekhotep ;* ils constituent les quatorzième, quinzième, seizième et dix-septième dynasties, sous lesquelles Manéthon place l'invasion des pasteurs.

Ce grand désastre et la longue oppression qui en fut la suite sont attestés par tous les souvenirs historiques. L'interruption violente de la série monumentale en est aussi la preuve la plus directe. On peut croire que tous les temples furent renversés ; car il y eut une guerre religieuse, indépendamment de la soif du pillage qui préside à toutes les incursions des peuples nomades. L'emplacement des temples antiques se reconnaît par les arasements et les anciennes fondations, sur lesquels on reconstruisit les nouveaux sanctuaires, après la restauration de l'empire égyptien par la dix-huitième dynastie (1).

Rien n'est concordant dans les récits divers que les auteurs nous ont transmis de cette époque de servitude, et naturellement les monuments y font défaut. Nous ne pouvons donc pas savoir au juste s'il faut placer l'invasion, comme

---

(1) On a exagéré, sur la foi de Manéthon, la barbarie des pasteurs; leurs noms, retrouvés sur des statues de rois égyptiens ainsi que les monuments de Tanis dûs à leur initiative, protestent en leur faveur. (P. P.)

semble l'indiquer Manéthon, à la quinzième dynastie ; mais il est certain qu'elle finit sous Amosis, avec la dix-septième. Un récit égyptien, conservé dans un papyrus (1), nous montre quel était l'état du pays vers la fin de cette période. Un roi ennemi, nommé *Apapi*, régnait dans Avaris, place forte du Delta. Il exigeait le tribut de toute l'Égypte ; il était ennemi de la religion du pays. Ses exactions ayant amené une guerre qui fut longue et sanglante, le prince de la Thébaïde, nommé *Raskenen-Taaaken*, finit par réunir les autres princes d'Égypte et obtint des succès contre les pasteurs ; mais la gloire d'expulser ces étrangers fut réservée à l'un de ses successeurs, Amosis.

Ici les textes égyptiens viennent encore au secours des historiens, peu d'accord entre eux sur l'époque du fait. Une inscription contemporaine montre qu'Amosis, après plusieurs batailles, s'empara d'Avaris et se débarrassa définitivement des pasteurs vers la sixième année de son règne (2). Il put aussitôt tourner ses armes contre les Nubiens révoltés. A la fin de son règne, nous le voyons occupé à rouvrir paisiblement les carrières de Tourah pour en extraire les blocs destinés à relever partout les temples des dieux.

A partir de ce moment, décisif pour la puissance de l'Égypte, commence la série des triomphes qui rendirent ce pays l'arbitre du monde pendant plusieurs siècles. Aménophis Ier affermit les conquêtes faites sur les frontières au nord et au midi. Toutmès Ier conduit ses armées en Asie, et porte le premier le cimeterre royal jusqu'en Mésopotamie. Sa fille, pendant une longue régence, semble s'être spécialement préoccupée d'embellir les temples ; Toutmès II, son frère, fit des campagnes heureuses en Éthiopie et en Palestine. La régente paraît avoir ressaisi l'autorité après sa

(1) Papyrus Sallier, n° 1.

(2) Inscription du tombeau d'*Ahmès*, chef des nautonniers.

mort; mais à peine Toutmès III, son second frère, fut-il en possession du pouvoir souverain, qu'il entreprit une série d'expéditions dont le récit couvre les murailles de Karnak. Il fit passer sous son joug les peuples de l'Asie centrale, et nous voyons figurer parmi ses vassaux Babel, Ninive et Sennaar, au milieu de peuples plus importants alors, mais dont les noms se sont obscurcis dans la suite des temps.

L'Égypte soutient toute sa grandeur jusqu'au règne d'Aménophis III, qui fut aussi un prince guerrier; c'est celui que les Grecs nommèrent Memnon et dont le colosse brisé résonnait, dans la plaine de Thèbes, au lever du soleil; mais la fin de la dix-huitième dynastie fut troublée par des usurpations et par une révolution religieuse. Aménophis IV ne voulut pas souffrir d'autre culte que celui du Soleil, représenté sous la forme d'un disque rayonnant. Des mains sortant de chaque rayon apportaient aux dévots mortels le signe de la vie. Ce roi fit effacer le nom du dieu Ammon sur les monuments, et nous devons à son fanatisme une quantité de mutilations les plus regrettables.

Ces révolutions intérieures avaient porté leurs fruits ordinaires. L'empire de l'Asie paraît avoir échappé à des mains débiles et à un peuple divisé, lorsque la dix-neuvième dynastie amena sur le trône deux grands hommes qui restaurèrent le pouvoir et étendirent encore les conquêtes de l'Égypte. Séti Ier (que Manéthon nomme Séthos) trouva la révolte arrivée jusqu'aux portes de l'Égypte; il soumit de nouveau l'Asie centrale, qu'avaient dominée les Toutmès et les Aménophis. Les grands travaux qu'il fit exécuter à Thèbes prouvent que ses expéditions lui avaient assuré pour quelque temps une domination tranquille.

Le fils et successeur de Séti Ier est le plus grand conquérant des temps antiques, celui que les prêtres nommaient *Ramsès*, au témoignage de Tacite, lorsqu'ils montraient ses exploits sculptés sur les murs de Thèbes. Hérodote le

nomme *Sésostris*, et Diodore *Sésoosis*, d'après un nom
populaire (1). Son nom propre, sur les monuments, se lit
Ramsès-Meïamoun; c'est exactement la forme conservée par
Josèphe. Quelque exagération que l'on puisse supposer
dans les récits officiels de ses exploits, Ramsès-Meïamoun,
qui parvint à la couronne dès son enfance, paraît avoir été
réellement un grand homme de guerre. Sa première campagne le conduisit en Éthiopie ; dans les inscriptions qui la
mentionnent, on donne déjà les éloges les plus outrés à la
bravoure du jeune monarque. Les peuples de l'Asie centrale
s'étant révoltés, Ramsès courut, dans la cinquième année
de son règne, au-devant de la confédération des rebelles.
Le prince des Khétas, qui en avait le commandement,
ayant trompé par de faux rapports les généraux de Ramsès,
le roi se trouva un instant séparé de son armée, et ne dut
son salut qu'à des prodiges de valeur. Cet exploit fut le
sujet d'un poëme qui devait jouir d'une grande vogue,
puisqu'il eut l'honneur d'être gravé en entier sur une des
murailles du temple de Karnak; un des papyrus de la collection Sallier nous a conservé une partie de ce poëme : la
composition en est souvent remarquable, comme pensée et
comme expression poétique. Ramsès triompha de la révolte, et d'autres expéditions étendirent encore ses conquêtes. On manque malheureusement de points de comparaison pour identifier d'une manière précise la plupart des
places conquises par les Égyptiens dans ces temps si reculés. Déconcertés par leurs défaites successives, les chefs
des Khétas vinrent enfin demander la paix. Dans la vingt et
unième année de son règne, Ramsès leur accorda des con-
ditions honorables dont l'exécution fut mise sous la garantie
des divinités des deux nations. L'acte en fut gravé sur une
muraille de Thèbes qui nous en a conservé des fragments

(1) Les monuments nous apprennent que les Égyptiens lui donnaient
quelquefois le nom populaire de *Sesou* ou *Sesoura*.

importants. Il est à croire qu'une tranquillité durable suivit ces longues guerres, car Ramsès-Meïamoun put, pendant un règne de soixante-sept ans, couvrir l'Égypte de ses monuments. Il employa pour les construire les nombreux esclaves qu'il avait ramenés de ses conquêtes, et ce fait nous conduit naturellement à dire quelques mots de Moïse et du séjour des Hébreux en Égypte.

La chronologie présente trop d'incertitudes, tant dans l'histoire égyptienne que dans la Bible, et spécialement quand il s'agit de mesurer la période des Juges, pour que l'on puisse, *a priori*, et par un simple rapprochement de dates, définir sous quel roi eut lieu la sortie d'Égypte. La difficulté est encore plus grande quand il s'agit du patriarche Joseph, puisque la longueur du temps de la servitude en Égypte est elle-même l'objet de nombreuses controverses. Moïse ne se sert jamais que du mot générique *Pharaon*, qui veut dire *le roi*. Mais en recueillant soigneusement les particularités éparses dans le récit biblique, on y trouve d'abord un roi qui forçait ses esclaves à bâtir la ville de Ramsès dans la basse Égypte. Ensuite, lorsqu'on veut calculer le temps que Moïse dut passer chez Jéthro pour fuir la colère du roi, si l'on réfléchit que Moïse tua l'Égyptien dès qu'il fut parvenu à la virilité et que le livre saint lui donne quatre-vingts ans à l'époque de la sortie d'Égypte, on voit que le règne indiqué fut excessivement long. La Bible dit, en effet : « Après un long temps le roi mourut. » Un seul Ramsès convient à toutes ces circonstances, c'est Ramsès II, qui régna soixante-sept ans, et qui fit en effet construire dans la basse Egypte une ville à laquelle il donna son nom (1). Moïse revint d'Arabie aussitôt qu'il apprit la mort du souverain qu'il avait irrité. Le récit des plaies de l'Égypte et de la terrible

---

(1) La place de la *ville de Ramsès* paraît déterminée par les ruines situées au lieu nommé *Abou-Keïched* ; un bloc y porte en effet la mention de la *ville de Ramsè*

catastrophe qui accompagna la sortie des Israélites, ne paraît compatible qu'avec un petit nombre d'années. Ménéphthah, fils de Ramsès II, est sans doute le Pharaon de la mer Rouge; mais le récit de Moïse autorise à penser que le roi ne fut pas personnellement victime de ce désastre. Il paraît, en effet, avoir régné dix-neuf ans, et peut-être ne s'est-il pas écoulé un temps aussi long entre le retour de Moïse et le passage de la mer Rouge. On n'a pas retrouvé, sur les monuments, la trace de ces premières relations des Israélites avec l'Égypte, et il serait bien extraordinaire qu'ils eussent enregistré ce désastre ailleurs que dans les annales; les sculptures des temples ne rappellent jamais que des victoires.

La puissance des Égyptiens et leur domination en Asie se soutinrent, malgré une succession de révoltes (1), pendant toute la dix-neuvième dynastie et pendant une partie de la vingtième, qui se compose exclusivement de rois nommés Ramsès comme leur aïeul. Ramsès III paraît aussi avoir fait de grandes conquêtes en Asie, et ses monuments présentent la circonstance remarquable d'une bataille navale. Les expéditions, pacifiques ou belliqueuses, qui s'étaient multipliées, avaient amené des rapports intimes entre les Égyptiens et les nations asiatiques. Les uns faisaient des voyages en Mésopotamie; c'étaient des officiers envoyés par le prince pour gouverner les provinces, surveiller les stations établies et commander les garnisons mises dans les places fortes. Les autres venaient jusqu'en Égypte, soit pour faire le commerce, soit pour consulter les médecins égyptiens, dont le savoir était déjà renommé, probablement les magiciens qui luttèrent avec Moïse. Un monument trouvé à Thèbes nous montre un prince de la Mésopotamie qui envoie solennelle-

(1) Une formidable invasion de Libyens et de peuples de la Méditerranée, heureusement repoussée par Menephtah, avait mis en péril l'existence de l'Égypte. (P. P.)

ment chercher un dieu thébain pour venir au secours de sa
fille, possédée d'un esprit malin. Le roi d'Égypte avait
épousé la sœur de cette princesse. Ramsès-Meïamoun, le
grand conquérant, avait lui-même épousé la fille du prince
des Khétas, son plus vaillant ennemi.

A la suite de ces alliances, quelques divinités asiatiques
avaient été admises dans le Panthéon, et la Vénus des bords
de l'Euphrate eut à Thèbes un temple et des prêtres qui
l'invoquaient sous les noms de *Qadesch* et d'*Anata*. Baal et
Astarté avaient aussi des autels officiels dans la *ville de
Ramsès*. Cette domination de plus de cinq siècles que
l'Égypte exerça sur l'Asie centrale est un fait historique des
plus importants ; c'est de là que dérivent une foule de rapports entre les populations de l'Égypte, de l'Assyrie et de la
Phénicie.

Vers la fin de la vingtième dynastie, les grands prêtres
d'Ammon s'emparèrent petit à petit de l'autorité et finirent
par succéder à la famille des Ramsès. Moins belliqueux
peut-être, ils ne surent pas conserver la suprématie de leur
nation. Les grands empires d'Asie prenaient plus de force
et de développement ; l'Égypte fut réduite à ses limites
naturelles. La vingt-deuxième dynastie amena pourtant sur
le trône un conquérant : le roi *Scheschonk* (le Schischak de
la Bible) recouvra une partie de la Syrie. Les trésors rassemblés par David et Salomon lui apprirent le chemin de
Jérusalem, et l'on voit figurer parmi ses captifs le malheu-
reux Roboam, les mains liées derrière le dos, avec cette
inscription : *Juda roi* (1). Néanmoins, l'empire des Assyriens
devint alors trop puissant pour que les Égyptiens pussent
désormais régner d'une manière durable en Asie, et leurs
expéditions les plus heureuses se terminèrent par de stériles
victoires ou par l'asservissement de quelques parties de la
Palestine et de la Syrie.

(1) M. Brugsch (Geog. II, 63) considère le groupe *Jud-h-melek* comme
la simple désignation d'une localité de la Palestine. (P. P.)

« L'établissement des rois de race éthiopienne sur le
« trône des Pharaons résulta de leurs victoires, ren-
« dues plus faciles par les divisions des divers partis
« égyptiens : mais la faveur marquée qui salua leur intro-
« nisation dans la Haute-Égypte fut la conséquence d'an-
« ciennes alliances qui liaient cette famille avec les grands-
« prêtres d'Amon, autrefois souverains de la Thébaïde. En
« effet, la dynastie de Sabacon nous apparaît maintenant,
« dans ses origines, comme la descendance d'un rameau
« thébain, détaché du tronc à la suite de quelque révolution
« que nous ne pouvons pas encore préciser et qui avait im-
« planté au fond de la Nubie la langue, les mœurs et la re-
« ligion de la mère-patrie. Tel est le résultat évident des
« monuments découverts en Éthiopie. Peu de temps avant
« Sabacon, suivant nos calculs, un roi puissant, nommé
« *Piankhi-Meriamoun*, et résidant à Napata, apparaît déjà
« comme possédant la Thébaïde en toute tranquillité et
« comme réduisant par la force, à l'état de vassaux, une
« vingtaine de personnages qui se partageaient la souverai-
« neté dans tout le reste de l'Égypte.

« Sabacon doit avoir trouvé le pays à peu près dans le
« même état; rien n'indique qu'il ait eu quelque combat à
« soutenir contre les Thébains pour monter sur le trône,
« mais l'histoire nous apprend qu'il emporta de haute
« lutte la souveraineté de Memphis et qu'il fit mourir
« Bokkoris, après l'avoir vaincu. Il ne faudrait pas cependant
« conclure de cette vengeance que les Éthiopiens eussent
« des mœurs féroces ou fussent alors moins civilisés que
« leurs nouveaux sujets. Tous les détails de leurs monu-
« ments prouvent, au contraire, qu'ils voulurent justifier,
« aux yeux des peuples, leur prétention hautement procla-
« mée de représenter le sacerdoce d'Amon. On vante par-
« tout, dans leurs inscriptions, la sagesse et la douceur de
« leur gouvernement, ainsi que le respect des rites sacrés
« et des droits des temples, auxquels ils consacrent de nou-

« velles offrandes. *Piankhi-Meriamoun* consigne ces faits à
« chacun des pas de sa marche victorieuse jusqu'aux extré-
« mités de l'Égypte. » (DE ROUGÉ, *De quelques monuments
du règne de Tahraka.*)

Sabacon a laissé à son tour de nombreuses preuves de son
zèle pour la religion (1). On sait peu de choses de son successeur *Schabatak*, mais il eut aussi le soin de laisser à
Karnak des preuves de sa fidélité au culte d'Amon.

Le règne de *Tahraka*, qui occupe le troisième rang dans
cette dynastie, débuta par des victoires sur les Libyens et
les Assyriens, qui prirent sur lui, l'an 23 de son règne, une
terrible revanche, sous le commandement d'Assarhaddon.
Ce roi d'Assyrie conquit le pays entier et le partagea entre
vingt gouverneurs, mais Tahraka réorganisa ses forces en
Éthiopie et parvint à se rétablir deux fois à Memphis. A sa
mort une seconde invasion assyrienne, dirigée par Assurba-
nipal, eut pour résultat un pillage complet de l'Égypte.

Psammétik Ier, fils de l'un de ces gouverneurs imposés à
l'Égypte par les Assyriens, inaugura la vingt-sixième dynastie
par un règne long et glorieux. A partir de cette époque les Grecs
commencent à nous tenir au courant de l'histoire égyptienne.
Les relations établies par les soldats auxiliaires que les rois
saïtes prirent à leur service, ne s'interrompirent plus, et les
événements de la vallée du Nil sont désormais enregistrés
dans l'histoire ancienne avec les récits des autres nations.
Nous insisterons ici seulement sur quelques points que les
monuments nous ont fait mieux connaître.

La civilisation égyptienne s'imposa constamment à ses
vainqueurs successifs. Cambyse, avant les fureurs qui s'emparèrent de lui à son retour d'Éthiopie, s'était fait recon-

---

(1) S'il est exact que Bokkoris (*Bak-en-ran-w*, l'unique roi de la vingt-
quatrième dynastie) ait payé sa résistance par un supplice terrible, c'est que
son père, *Tafnekht*, avait déjà été reçu à merci par Piankhi; en sorte
qu'il aurait été traité comme un rebelle obstiné.

aître régulièrement comme roi légitime de l'Égypte; il
vait accompli tous les rites religieux et subi l'initiation
lans le temple de *Saïs*. De nombreux monuments attestent
que Darius suivit ces errements avec persévérance; aussi
on autorité fut-elle acceptée facilement par les Égyptiens.
Mais Ochus, par une conduite opposée, souleva tous les
esprits contre lui.

Alexandre, en grand politique qu'il était, comprit que le
plus sûr moyen d'établir sa domination dans l'esprit de ces
peuples, était d'employer à son usage des préjugés qui avaient
pour eux la force des siècles. C'est dans ce but qu'il fit son
voyage à l'oasis d'Ammon. L'oracle le proclama fils du Soleil,
en sorte qu'il représenta désormais, aux yeux des peuples
d'Égypte, l'incarnation de la race du Soleil, à laquelle était
liée l'obéissance des humains. Il faut bien connaître les idées
des Égyptiens sur la royauté pour pénétrer toute la portée
politique de cet acte d'Alexandre. Les Ptolémées, ses successeurs, suivirent constamment son exemple. Les serviteurs de
Jupiter continuèrent à être pour l'Égypte les dieux, fils du
soleil, car en aucune région l'adoration de l'homme couronné
ne prît un caractère d'idolâtrie plus complet et plus persis-
tant que dans ce pays. Toutes les coutumes y avaient le même
caractère de persistance; aussi l'archéologie doit-elle suivre
l'Égypte tant que ses monuments restent réellement égyptiens, et ils conservent ce caractère pendant de longues
années encore sous la domination des empereurs romains.

CHRONOLOGIE

Nous avons évité, dans cette esquisse historique, d'assigner aucune date aux événements, et nous avons déjà in-

diqué quelle incertitude s'attachait aux calculs qu'on peut établir sur la chronologie des anciennes dynasties égyptiennes. Peut-être est-il nécessaire de faire connaître ici quelles sont les limites de nos connaissances à cet égard. Il serait inutile d'enregistrer dans un aussi bref résumé des chiffres qui ne ressortent pas de bases certaines. Là où il peut y avoir une foule de systèmes divers, il n'y a pas encore de véritable chronologie. Les Égyptiens n'ont employé aucun de leurs cycles astronomiques pour numéroter les années ; on ne leur connaît pas non plus d'ère historique (1) ; ils ne dataient leurs monuments que par l'année du souverain régnant : la moindre interruption dans les dates de ce genre vicie toute la série. Les listes de Manéthon, contenant la suite des dynasties égyptiennes, accompagnées de chiffres chronologiques, étaient la seule ressource qu'on pût employer pour tenter de rédiger une chronologie de l'histoire égyptienne, et l'on était, il y a quelques années, beaucoup trop disposé à les considérer comme un critérium infaillible. Cependant, aussitôt qu'on a pu confronter ces listes avec les monuments, on a dû revenir de cette idée. Si les listes de Manéthon ont acquis de l'importance en ce sens qu'on les a reconnues comme des documents historiques réellement émanés des sources égyptiennes, les chiffres qui y sont aujourd'hui annexés n'ont pu soutenir l'examen de la critique, éclairée par les monuments. Aussitôt que le canon de Ptolémée n'a plus guidé les faiseurs d'extraits, dès la vingt-sixième dynastie, la dernière avant l'invasion de Cambyse, les inscriptions ont décelé, dans ces chiffres, une erreur de dix ans. Une seconde erreur plus considérable ressort avec évidence des inscriptions nouvelles de la tombe d'Apis, pour

1) L'ère de *Ménophrès*, mentionnée dans un fragment de l'astronome Théon, ne paraît, au jugement de M. Biot, qu'une invention postérieure en tant qu'ère historique ; c'était l'année initiale de la période sothiaque.

les temps qui précèdent immédiatement Psammétik ; de sorte que nous sommes plus que jamais obligés de nous défier des chiffres chronologiques conservés dans les listes de Manéthon. Si ces chiffres sont inexacts pour des époques où les Grecs auraient pu venir presque directement au secours des chronologistes qui nous les ont conservés, quelle confiance pouvons-nous avoir en eux quand il faut remonter à des époques plus reculées ?

Voici maintenant ce que nous ont fait connaître les monuments étudiés jusqu'ici. On paraît d'accord sur ce point que Cambyse conquit l'Égypte dans la troisième année de son règne (1), qui est la deux cent vingt et unième année de l'ère de Nabonassar. Le canon chronologique, dressé par Ptolmée, nous escorte avec son invincible autorité jusqu'à cette époque, qui correspond à l'an 527 avant Jésus-Christ. La dynastie égyptienne qui précède les rois de Perse, la vingt-sixième, a retrouvé sa chronologie complète dans les monuments de la tombe d'Apis. Elle s'écarte assez sensiblement de celle que l'on avait pu dresser avec les listes de Manéthon. La première année du règne de Psammetik Ier répond à l'an 94 de l'ère de Nabonassar ou à l'année julienne 654 avant notre ère.

Les mêmes monuments montrent ici de nouveau une différence sensible avec les chiffres des listes ; ils ne donnent qu'un très-petit intervalle entre Psammétik Ier et Tahraka, le dernier roi de la dynastie éthiopienne. Une inscription de la tombe d'Apis permet de calculer que le règne de Tahraka, commença vers l'an 685 avant Jésus-Christ, mais il y a déjà une incertitude de quelques années sur cette date. Ici s'arrête la région des chiffres exacts. En remontant encore, nous manquons de moyens pour vérifier les règnes des deux

---

(1) D'autres savants néanmoins persistent à placer cette conquête à la cinquième année de Cambyse, ce qui déplacerait de deux ans les dates que l'on va lire plus loin.

prédécesseurs de Tahraka. Les chiffres des listes paraissent trop courts ; nous entrons dans le régime des corrections hasardées, dont les monuments ne nous dictent pas l'exacte quotité. Contentons-nous de dire que Bokkoris (vingt-quatrième dynastie) doit se placer vers 715 ; que le commencement de la vingt-troisième ou l'avénement de Pétubastes, remonte tout au commencement du huitième siècle. Ici l'erreur possible a déjà pris de grandes proportions.

La vingt-deuxième dynastie nous fournirait un point de comparaison et un moyen de rectification bien précieux dans le fait de la prise de Jérusalem par Schéschonk Ier, si la chronologie du livre des Rois était mieux définie ; mais elle présente, dans les séries des rois d'Israël et de Juda, de nombreuses difficultés qui n'ont pas été résolues d'une manière satisfaisante.

M. de Bunsen place la prise de Jérusalem en 962 : tout ce qu'une sage réserve nous permet d'affirmer, c'est que la vingt-deuxième dynastie paraît, sur les monuments, beaucoup plus longue que les listes de Manéthon ne le donneraient à entendre, et que le règne de Schéschonk commença avant le milieu du dixième siècle.

Pour la vingt et unième et la vingt-deuxième dynastie, les inscriptions ne donnent que des dates partielles ; nous sommes réduits à ces mêmes chiffres des listes, que nous trouvons toujours si défectueux à chaque fois que nous avons des monuments pour les contrôler. Il paraît certain que le chiffre de la vingtième est particulièrement tronqué. Les limites de l'erreur pourraient donc, à cette antiquité, dépasser facilement un siècle.

D'après un calcul de M. Biot, un lever de l'étoile Sothis (1),

(1) C'est le nom que les Égyptiens donnaient à Sirius ; le lever héliaque de cet astre était observé avec un soin particulier, parce qu'il annonçait la venue prochaine de l'inondation, base de toute l'agriculture dans la vallée du Nil.

indiqué à Thèbes sous Ramsès III, vers le début de la vingtième dynastie, se placerait au commencement du treizième siècle avant Jésus-Christ. Cette date nous paraît s'accorder à merveille avec la dernière époque que nous avons pu calculer et avec la durée probable des vingtième, vingt et unième et vingt-deuxième dynasties.

Comme nous l'avons déjà dit, le synchronisme de Moïse avec Ramsès II (dix-neuvième dynastie), si précieux au point de vue historique, ne nous donne qu'une lumière insuffisante pour la chronologie, parce que la durée du temps des juges d'Israël n'est pas connue d'une manière bien certaine. On restera dans la limite du probable en plaçant Séti Ier vers 1450, et le commencement de la dix-huitième dynastie vers le dix-huitième siècle. Mais il n'y aurait nullement à s'étonner si l'on s'était trompé de deux cents ans dans cette estimation, tant les documents sont viciés dans l'histoire ou incomplets sur les monuments.

Nous voici remontés jusqu'au moment de l'expulsion des pasteurs. Ici nous n'entreprendrons plus même aucun calcul. Les textes ne sont pas d'accord sur le temps que dura l'occupation de l'Égypte par ces terribles hôtes, et les monuments sont muets à cet égard. Ce temps fut long; plusieurs dynasties se succédèrent avant la délivrance, c'est tout ce que nous en savons. Nous ne sommes pas mieux édifiés sur la durée du premier empire, et nous n'avons aucun moyen raisonnable de mesurer l'âge des pyramides, témoins de la grandeur des premiers Égyptiens. Si néanmoins nous venons à nous rappeler que les générations qui les construisirent sont séparées de notre ère vulgaire, d'abord par les dix-huit siècles du second empire égyptien, ensuite par le temps de l'invasion asiatique, et enfin par plusieurs dynasties nombreuses et puissantes qui nous ont laissé des monuments de leur passage, la vieillesse des pyramides, pour ne pouvoir pas être calculée exactement, ne perdra rien de sa majesté aux yeux de l'historien.

HISTOIRE DE L'ART EN ÉGYPTE.

Ces longues générations, dont nous ne pouvons pas préciser les dates, ont vu s'accomplir diverses phases de l'art
égyptien. Nos musées contiennent des échantillons suffisants
pour en suivre les principales transformations. Nous ne
connaissons pas les commencements de cet art; nous le
trouvons dès les monuments de la quatrième dynastie, les
premiers auxquels nous puissions assigner un rang certain,
extrêmement avancé sous divers rapports. L'architecture
montre déjà une perfection inconcevable quant à la taille
des pierres dures et quant à la pose des blocs de grande
dimension; les couloirs de la grande pyramide restent un
modèle d'appareillage qui n'a jamais été surpassé. Nous
sommes obligés de deviner le style extérieur des temples
de cette première époque et de le restaurer d'après les bas-
reliefs des tombeaux ou la décoration des sarcophages. Ce
style était simple et noble au plus haut degré; la ligne droite
et le jeu des divers plans faisaient tous les frais de la décoration; un seul motif d'ornement varie ces dispositions, il se
composait de deux feuilles de lotus affrontées (1).

Le caractère propre des figures, tant dans les statues
que dans les bas-reliefs des premiers temps, consiste *dans
l'imitation d'un type plus fort et plus trapu.* Il semble que,
dans la suite des siècles, la race se soit amaigrie et élarcée
sous l'action du climat. Dans les monuments primitifs, on a
cherché l'imitation de la nature avec plus de simplicité, et,
en gardant toute proportion quant au mérite relatif des

(1) Le temple du sphinx de Gizeh, mis au jour par M. Mariette,
reproduit tous les caractères que nous avons assignés à cette architecture; on y remarque l'emploi des plus beaux matériaux, tels que
l'albâtre et le granit rose de Syène.

divers morceaux, les muscles y sont toujours mieux placés et plus fortement indiqués.

Les figures conservent ce caractère jusque vers le milieu de la douzième dynastie ; c'est à cette époque qu'elles prennent des formes plus grêles et plus allongées. L'architecture avait fait alors de grands pas quant à l'ornementation: on trouve, à la douzième dynastie, les premières colonnes conservées jusqu'à nos jours en Égypte : épaisses, cannelées et recouvertes d'un simple dé, elles ressemblent d'une manière frappante aux premières colonnes doriques.

Les bas-reliefs, dénués de toute perspective, sont souvent, dans le premier empire, d'une extrême finesse ; ils étaient toujours coloriés avec soin On en connaît où la liberté des attitudes et la vérité des mouvements semblent promettre à l'art égyptien des destinées bien différentes de celles qui lui furent réservées dans les siècles suivants. Les statues de pierre calcaire étaient souvent peintes en entier, les figures de granit étaient coloriées dans quelques-unes de leurs parties, comme les yeux, les cheveux et les vêtements.

Le chef-d'œuvre de l'art du premier empire est une jambe colossale en granit noir, provenant d'une statue du roi *Ousourtasen I*er; elle appartient au musée de Berlin. Ce fragment suffit pour prouver que la première école égyptienne était dans une meilleure voie que celle du second empire.

La gravure des inscriptions ne laisse rien à désirer dans ces premiers monuments égyptiens. Elle est en général exécutée en relief jusqu'à la cinquième dynastie. Les gravures en creux de la douzième dynastie n'ont été surpassées à aucune époque. Les obélisques d'Héliopolis et du Fayoum autorisent à supposer aussi des temples d'une grandeur et d'une magnificence en rapport avec ces beaux débris de la douzième dynastie. L'on sait, en effet, qu'une des merveilles du monde, le labyrinthe du Fayoum, avait été construit par un de ses rois.

L'invasion des peuples nomades paraît avoir détruit les

temples et les palais ; nous ne jugeons plus actuellement
l'art primitif d'Égypte que par les tombeaux. L'abaissement
des Égyptiens, pendant cette époque, dut amener nécessai-
rement une décadence, quoique les artistes réfugiés dans la
Thébaïde et la Nubie eussent conservé scrupuleusement les
traditions (1). Amosis, le restaurateur de l'empire, n'eut pas
le loisir de faire des constructions, et l'on remarque sur
quelques monuments d'Aménophis Ier, son successeur, une
hésitation et une médiocrité qui s'expliquent facilement. Mais
la victoire et la prospérité eurent bientôt donné à l'art égyptien un essor nouveau, et le plus beau style de la dix-huitième dynastie se marque dès Toutmès Ier. L'architecture
développe toute sa grandeur, l'ornementation s'enrichit, et
Syène fournit les obélisques de granit que le ciseau couvre
des plus belles gravures. La sculpture se distingue alors
particulièrement dans l'imitation de la figure humaine ;
l'étude de la nature est bien moins parfaite dans le modelé
des membres, et les statues royales du musée de Turin, les
plus belles que l'on connaisse, n'atteignent pas, sous ce rapport, certaines figures de l'époque primitive.

L'art se soutint à peu près à la même hauteur sous le
règne de Séti Ier, qui commença la dix-neuvième dynastie.
Il suffit de citer, à l'honneur de ce roi, la salle hypostyle
de Karnak ; mais on commence à trouver bien du mélange
dans les œuvres très-nombreuses exécutées sous Ramsès II.
Cette décadence se marque d'une manière beaucoup plus
sensible dans les monuments des particuliers, et elle devient
générale sous Ménephtah, son successeur. Le style égyptien
conserve bien alors un certain caractère de grandeur, mais
il est empreint trop souvent d'une rudesse et d'une laideur

(1) Les admirables bijoux trouvés récemment dans le cercueil de la
reine *Aah-Hotep*, contemporaine et peut-être mère d'Amosis, montrent
la persistance de ces traditions, malgré les pasteurs et tous les désor-
dres amenés par leur présence en Égypte.

inouïe sous les derniers rois de cette famille. Entre cette
époque et celle de Psammétik on trouve çà et là quelques
ouvrages très-finement exécutés, et néanmoins on peut dire
que l'art ne se releva réellement que sous la dynastie saïte.
Si l'on examine, par exemple, la statuette du roi éthiopien
Schabak, que renferme la villa Albani, on sera frappé de la
beauté de ce bloc de prime d'émeraude, mais la sculpture
est mauvaise. Les bons artistes manquaient sans doute, dans
un temps où l'on confiait une aussi admirable matière à des
mains aussi malhabiles. Les bas-reliefs et les inscriptions du
temps du roi *Scheschonk* sont d'ailleurs, comme exécution,
déjà bien inférieurs à ceux de Ramsès II.

La domination des Saïtes donna une physionomie toute
spéciale à l'art égyptien. La gravure des hiéroglyphes prend,
à cette époque, une finesse admirable, les belles statues se
multiplient ; on emploie avec préférence le basalte noir ou
vert, cette roche d'un grain si fin et dont le sculpteur tire un
merveilleux parti lorsque le ciseau triomphe complétement
de sa dureté. Sans sortir du type égyptien, les membres des
statues acquièrent plus de souplesse et de vérité. Maintenant
que nous connaissons quelques-uns des modèles que les
Égyptiens purent étudier à Babylone et à Ninive, dans les
relations multipliées qui s'établirent à cette époque entre
eux et les Assyriens, il nous est peut-être permis de supposer que ces relations eurent quelque part aux nouveaux
progrès de l'art des Saïtes ; mais, par compensation, nous
reconnaissons bien plus visiblement l'influence égyptienne
dans les productions des Phéniciens.

Les monuments égyptiens, sous la domination persane,
ne montrent aucune décadence, et le style saïte se continue
jusqu'aux Ptolémées ; mais, à cette époque, le type grec
fut, par sa beauté même, funeste à l'art égyptien : loin de
l'améliorer, il ne fit qu'introduire dans les formes une ron-
deur mal assortie qui ne fut ordinairement que de la mol-
lesse. On reprit l'usage général de la gravure en relief, mais

les formes des caractères devinrent de plus en plus négligées et les matériaux moins bien choisis. Ces défauts allèrent en empirant sous la domination romaine; une seule partie de l'art égyptien conserve son caractère au milieu de cette décadence. Les architectes d'Esné, d'Ombos et de Dendérah ne se laissèrent pas séduire par les lignes merveilleuses des édifices de Corinthe ou d'Athènes, et ils continuèrent à élever des temples dans un ordre purement pharaonique, aussi longtemps qu'ils travaillèrent en l'honneur de leurs dieux nationaux.

L'histoire de ces dieux, ou la mythologie égyptienne, est une des parties les moins avancées de la science : nous nous bornerons à en donner un aperçu en parlant de la salle des dieux, située au premier étage du Louvre.

Nous supposerons maintenant que le visiteur, entrant par la salle Henri IV, parcourt successivement les salles du musée égyptien, et nous appellerons son attention sur les morceaux qui sont de nature à exciter un intérêt plus général.

EXPLICATION

DES

PRINCIPAUX MONUMENTS

EXPOSÉS DANS LES SALLES ÉGYPTIENNES

DU MUSÉE DU LOUVRE.

SALLE HENRI IV.

A.

SPHINX, STATUES, STATUETTES ET GROUPES.

Les caractères généraux, propres aux cinq époques de l'art égyptien, se reconnaissent particulièrement sur les figures de ronde bosse. Dans le premier style memphitique, les statues et les figurines représentent une race musculeuse et trapue ; l'attitude est roide, les pieds sont souvent courts, le nez est droit, quelquefois gros et rond par le bout. La coiffure ordinaire se compose des cheveux coupés courts et leurs boucles sont rendues par de petits carrés.

Sous la douzième dynastie, les saillies musculeuses des

jambes sont encore vigoureusement indiquées; mais à
cette deuxième époque on voit s'introduire un nouveau
canon des proportions du corps humain qui donne aux
figures un aspect plus élancé.

L'école de la dix-huitième dynastie perfectionna la sculpture des têtes; les profils sont d'une grande pureté, et les
lèvres, mieux dessinées, sourient gracieusement; les
jambes, trop rondes, ont habituellement perdu leur vigueur; on voit apparaître les riches coiffures à petits
tuyaux, et le ciseau reproduit quelquefois les longues
robes d'étoffes transparentes. Les beaux sphinx et les colosses sculptés sous la dix-neuvième dynastie n'empêchent
pas d'attribuer à cette époque le commencement d'une
prompte décadence de l'art égyptien, qui se remarque surtout dans les monuments consacrés par les particuliers.

Les statues de l'école saïte ont au contraire reconquis la
finesse et le naturel; la coiffure, assez volumineuse, se
compose ordinairement d'une étoffe qui enveloppe complétement les cheveux.

Sous les Ptolémées, les belles figures de style égyptien
deviennent très-rares. On conserve au Vatican deux colosses en granit de Ptolémée et d'Arsinoë Philadelphes;
leur style est encore purement égyptien, ils se rappro-
chent des saïtes sans les égaler. Le Louvre possède une
admirable tête royale, bien franchement égytienne par sa
matière et sa coiffure, mais dont le modelé rappelle au
contraire les artistes grecs (*voy.* A, 35). Il ne serait pas
raisonnable de classer parmi les statues égyptiennes les
imitations romaines de la *Villa Hadriani*, dont les auteurs n'ont emprunté à l'art pharaonique que des détails de
pose ou de costume.

Les n⁰ˢ 1, 2, 3, 4 représentent la déesse à tête de lionne nommée *Sekhet* (1). Les inscriptions montrent qu'elles ont été dédiées par le roi Aménophis III, de la dix-huitième dynastie. Les statues n⁰ˢ 5, 6, 7, 8, 9, 10, 11, représentent la même déesse; elles furent sculptées à diverses époques et proviennent de Thèbes. Le n° 7 porte le cartouche de Scheschonk Iᵉʳ, le vainqueur du roi Roboam, fils de Salomon.

A 12. — Groupe en granit rose.

Un roi coiffé de la couronne égyptienne, nommée *pschent*, est entre deux dieux. Cette méthode d'apothéose était très-usitée en Égypte. Les dieux qui escortent le roi sont ici Osiris et Horus.

A 16. — Colosse en granit rose.

C'est la seule statue royale de grande dimension qui nous reste du premier empire égyptien; c'est donc un morceau inestimable. Elle représente le roi Sebek-Hotep III, de la treizième dynastie. On dit qu'elle fut trouvée à Bubastis (2). Le torse est remarquable par son type svelte et élancé. Malheureusement la figure est très-mutilée.

A 17. — Statue demi-grandeur, en granit gris.

C'est le même monarque que le colosse du n° 16.

A 18. — Pied d'un colosse en granit rose.

La statue qui s'élevait autrefois sur cette base représentait Aménophis III. Vingt-trois nations africaines

(1) Voyez, pour cette déesse, à la salle des dieux.

(2) Cette attribution reposait sur les souvenirs de M. Drovetti; suivant d'autres témoignages, elle proviendrait de Thèbes.

qu'il avait vaincues sont figurées tout autour de la base,
avec leurs noms écrits dans les écussons (1).

A 20. — Statue en granit gris.

Elle a été usurpée par Ramsès II et provient probablement d'un souverain du premier empire.

A 21, 23, 24. — Au centre de cette salle se trouve un
colosse, et aux deux extrémités deux sphinx de granit
rose; ces trois morceaux représentent trois générations successives de rois de la dix-neuvième dynastie.
Le sphinx était un animal imaginaire, composé d'un
corps de lion et d'une tête d'homme : c'était le
symbole de la force unie à l'intelligence. On n'appliquait
ce mode de représentation qu'à un dieu ou à un roi. Les
sphinx féminins étaient, en Égypte, une rare exception;
ils représentaient une reine. Le sphinx n° 21 a le corps
d'un jeune lion. Il porte les noms de Ramsès II, mais il
remonte à l'ancien empire. Nous avons, dans l'avant-
propos, tracé les principaux traits de l'histoire de
Ramsès-Meïamoun.

Le second sphinx, n° 23, est d'un type plus lourd, ses
formes sont moins parfaites; il porte les noms de Mé-
neptah, fils de Ramsès II (2), et de Scheschonk Ier; mais
comme le précédent, il date de l'ancien empire et l'on
y trouve des traces de légendes des rois pasteurs.

Le colosse de grès rouge, n° 24, au milieu de la salle,
appartient à Séti II, fils de Ménephtah. Ce fut aussi un
roi guerrier qui soutint dignement par les armes la puis-

(1) La légende d'Aménophis III, évidemment gravée en surcharge, et
le caractère de ce morceau, le font attribuer aujourd'hui à un roi de la
douzième ou de la treizième dynastie, auquel il faut par conséquent faire
honneur des conquêtes inscrites sur le socle. (P. P.)

(2) Ce sont ces deux rois que nous considérons comme les contemporains de Moïse.

sance de la dix-neuvième dynastie. Toutes ces attributions nous sont fournies par les légendes gravées sur les piédestaux de ces monuments. Elles contiennent des dédicaces au nom de ces souverains. Séti II tient ici dans sa main un grand bâton d'enseigne sur lequel est gravée toute la série de ses noms et titres royaux.

A 25. — Tête en granit noir.

Cette belle tête est coiffée d'un casque royal. On ignore le nom du roi qu'elle représentait.

A. 26. — Sphinx portant le nom du roi Néphérités de la vingt-neuvième dynastie (vers 398 avant J.-C.).

A 27. — Sphinx semblable, portant le nom du roi Hakoris, vingt-neuvième dynastie (vers 392).

A 28. — Statue en basalte.

Elle représente un roi inconnu. C'est un des beaux morceaux de l'art saïte.

A 29. — Sphinx en grès statuaire.

Il porte les cartouches de Nectanébo, dernier roi des dynasties égyptiennes.

A 35. — Tête en basalte.

Le serpent royal, placé sur cette tête, prouve qu'elle représente un roi d'Égypte, probablement un des Ptolémées, car le style de la sculpture est empreint du génie grec.

Les statues A 36, 37, 38, paraissent les plus anciens morceaux de la sculpture de nos musées; ils remontent à la quatrième et peut-être à la troisième dynastie. Au milieu de leur rudesse on remarquera déjà la justesse de certaines parties, et surtout des genoux. La bande verte, peinte sous les yeux est aussi un caractère d'extrême antiquité. Les deux figures d'homme appartiennent au même personnage; il se nommait *Sepa* et se qualifie *parent royal*. Sa femme se nommait *Nesa*, elle prend également le titre de *parente royale*.

A 51. — Groupe en pierre calcaire.

Un personnage nommé *Nowre-heb-w* est accompagné de sa femme *Taei*. Un petit enfant, nommé *Ouah-er-Méri*, joue entre leurs jambes. Son nom signifie : celui qui augmente l'amour (1). Les mutilations proviennent encore du martelage du nom d'Ammon.

A 54. — Groupe en grès.

Un homme, nommé *Ounsou*, et sa femme nommée *Amenhotep*. Ce personnage était chargé des revenus du dieu Ammon vers l'époque de Toutmès III, dix-huitième dynastie. Les mutilations sont dûes au roi Aménophis IV, qui ordonna de marteler partout le nom du dieu Ammon, vers la fin de cette dynastie.

A 62. — Statuette en grès.

Elle représente une jeune femme nommée *Ateh* : c'était une des dames attachées au temple d'Ammon, à Thèbes ; elle tient un sistre, insigne de sa charge. Le style indique la dix-huitième dynastie.

A 64. — Buste en grès statuaire.

Un ornement joint à la coiffure ne laisse distinguer que la tête de ce personnage, qui se nommait *Merianou*. C'était un grammate royal de Memphis : sur ses épaules sont gravées les figures de diverses divinités.

A 65. — Statuette en pierre calcaire.

Ce personnage accroupi qui tient devant lui un naos dans lequel repose un singe cynocéphale, emblème du

_____

(1) On trouve assez souvent, chez les Égyptiens, des noms propres un peu compliqués, et qui expriment une idée gracieuse.

dieu Lune, se nommait *Khaa*, il était sommelier du roi, comme le compagnon du patriarche Joseph dans sa prison. Époque de Ramsès II, dix-neuvième dynastie.

A 66. — Statue en granit gris.

Cette figure, qui semble une cariatide, représentait le premier prophète d'Osiris, à Abydos, sous le règne de Ramsès II; la peau de panthère constitue son costume officiel de prêtre. Il se nommait *Ounnowre.*

A 67. — Statue naophore en granit rose.

Iouiou, fils d'*Ounnowre*, et comme lui grand-prêtre d'Osiris à Abydos, sous le règne de Ramsès II. Les cartouches de ce roi sont gravés sur la statue en plusieurs endroits. *Iouiou* tient devant lui un naos dans lequel se trouve la figure d'Osiris.

A 68. — Groupe en granit rose.

Hora, basilico-grammate sous le roi Ménephtah, fils de Ramsès II, et sa femme *Nowreari*, prêtresse d'Ammon. Dix-neuvième dynastie.

A 73. — Statue de *Siésis, grammate royal, intendant des greniers*, dix-neuxième dynastie.

A 83. — Statuette en granit gris.

Ce personnage, dont la tête est brisée, tient devant ses jambes une stèle portant la date de l'an premier du roi Nékao. Vingt-sixième dynastie (vers 610 avant J.-C.)

A 84. — Statuette en granit gris.

Les inscriptions apprennent que ce personnage, nommé *Haroua*, vécut sous la reine Ameniritis, qui gouverna Thèbes à la fin de la dynastie éthiopienne.

A 86. — Statuette en granit noir.

Sans légende ; beau style saïte.

A 88. — Statuette en granit noir.

Ce beau morceau de l'art saïte représente un capitaine nommé *Hor*, fils de *Psammétik*.

A 91. — Statue en granit gris.

L'attitude de ce personnage est celle que l'on donnait aux odistes. C'était un surintendant des terres du Midi, nommé *Ouaphrès*. Vingt-sixième dynastie.

A 93. — Statue naophore en granit.

Elle représente un fonctionnaire important de l'époque d'Amasis. Champollion l'a indiqué sous le nom de *Pefpanet* (lisez *Pewaanet*). Vingt-sixième dynastie.

A 94. — Statue en grès.

Ce personnage agenouillé était un prêtre d'un rang élevé; il se nommait *Nekht-hor-heb*. Vingt-sixième dynastie.

A 102. — C'est la statue d'un intendant des domaines ruraux, nommé *Sekhem-Ka*. Il est représenté assis; deux figurines l'accompagnent : ce sont sa femme, *la royale parente Ata*, et son fils *Knem*.

A 103. — Nous le montre debout. Ces deux statuettes sont belles entre toutes, quant au modelé des jambes; aucune convention d'école n'y sacrifie encore la vérité à des traditions hiératiques, et la couleur qui recouvre la pierre calcaire s'est très-heureusement conservée sous les sables qui encombraient le tombeau.

A 104. — Est une charmante statuette en granit, du même personnage; les yeux, les cheveux et les accessoires avaient été seuls coloriés. Les caractères de ces figures et le style du tombeau où elles ont été trouvées doivent les faire rapporter à la cinquième ou à la sixième dynastie.

A 106. — Provient du même tombeau. Cette figure a des yeux en cristal de roche, ainsi que celle que nous décrirons à la salle civile du premier étage, et qui est la plus belle de toutes. Celle-ci nous conserve les traits d'un parent royal nommé *Hamsat.*

A 107. — Statuette du parent royal *Pahou-er-nowre.* La tête est surtout bien modelée. Elle provient du même tombeau que les précédentes.

B.

BAS-RELIEFS.

B 1, 2. — Ces bas-reliefs, inachevés dans quelques parties, proviennent du tombeau d'un fonctionnaire d'un rang élevé, nommé *Toth aa.* La pureté des lignes, surtout dans les profils, ne laisse rien à désirer. Le sceptre et le grand bâton que tient ce chef sont les insignes du commandement.

B 3, 4, 5. — Ces bas-reliefs représentent un des rois nommés Sebek-hotep, probablement le quatrième, en adoration devant diverses divinités. Le style en est très-fin. Treizième dynastie.

B 7. — Bas relief peint, provenant du tombeau du roi Séti Ier.

Ce roi, chef de la dix-neuvième dynastie. reçoit un don symbolique de la déesse Hathor. La robe de la déesse est couverte d'une inscription qui se rapporte aux faveurs qu'elle accorde au roi. On remarque dans ce bas-relief la beauté du profil du roi et de celui de la déesse. On doit remarquer également le galbe maigre et élancé du roi Séti, qui peut être pris pour un véritable type des proportions recherchées alors par les artistes.

B 11, 12, 13, 14. — Bas-reliefs en pierre calcaire.

Ce sont les restes d'une grande scène où Ramsès II faisait offrande à divers dieux.

B 15, 16, 17. — Fragment d'un monument en granit.

Ces bas-reliefs sont gravés avec une profondeur qui n'appartient qu'au temps de Ramsès II. Le roi y fait hommage au dieu Ammon générateur et, dans le n° 17, à la déesse des Bibliothèques.

B 30. — Fragment de bas-relief en pierre calcaire.

Portion d'une scène funéraire : une parente du défunt, accroupie, porte la main à sa tête dans l'attitude de la douleur. Un prêtre, debout, lit l'hymne funèbre. A droite, le défunt, debout dans une case, au milieu de sa barque, navigue au milieu des plantes et des oiseaux d'eau.

B 34, 41. — Bas reliefs du temps des Lagides.

B 48. — Pierre employée dans une construction de la dix-neuvième dynastie au Sérapéum. C'était un débris d'un édifice beaucoup plus ancien. Elle porte un beau bas-relief qui représente le roi Menkehor, de la cinquième dynastie.

B 49 a et b. — Bas-reliefs coloriés, trouvés par M. Mariette dans le tombeau de *Méri, grammate royal en chef,* titre civil important. Leur finesse et leur belle conservation les rendent bien précieux ; on remarquera le dessin de deux portes sculptées et une grande table d'offrande déposée devant *Méri.*

STÈLES ET INSCRIPTIONS.

Les inscriptions, en Égypte, s'appliquent à toutes sortes de sujets. Les stèles sont plus habituellement destinées à rappeler la mémoire d'un parent du défunt. En dehors des grandes inscriptions historiques, les stèles font pénétrer dans l'intérieur des familles ; elles nomment le père et l'aïeul avec toutes ses fonctions, et n'oublient pas la mère et les enfants. La formule qui accompagne les figures est ordinairement une prière adressée à Osiris, le dieu des morts. Ces prières se développent quelquefois de manière à présenter un intérêt littéraire. Si le personnage principal a pris part aux charges de l'État, la stèle fournit souvent alors des dates ou des renseignements historiques.

Le sommet des stèles est presque toujours occupé par le disque ailé. Ce symbole représente le soleil, considéré comme la divinité suprême. Dans sa course céleste, dirigée d'orient en occident, l'astre est soutenu par deux ailes dont l'une désigne le ciel du nord et l'autre le ciel du midi. Cette orientation est souvent reproduite par les deux chacals, qui portent les noms de *guides des chemins célestes du nord et du midi*. Les autres symboles qui complètent ordinairement cette scène sont l'anneau, symbole de l'orbite solaire et des périodes du temps; l'eau ou l'éther céleste, sur lequel étaient censés voguer tous les astres, et le vase, symbole de l'étendue.

Les figures gravées dans le champ des stèles sont ordinairement distribuées en plusieurs étages ou registres : le chef de la famille, un père ou un aïeul défunt, reçoivent, dans le premier, les hommages du dédicateur, qui figure, à son tour, dans les registres inférieurs avec ses enfants et le reste de sa famille ; on y trouve quelquefois même leurs serviteurs favoris.

C.

C 1. — Stèle en pierre calcaire.

Elle porte la date de la huitième année des deux rois Amenemha Ier et Ousourtasen Ier, qui régnèrent simultanément au commencement de la douzième dynastie. Le dédicateur était un *parent royal*, nommé *Mentou-ensa-sou*. Ce personnage se vante des honneurs dont les deux souverains l'ont comblé.

C 2. — Stèle semblable, portant la date de l'an neuf du roi Ousourtasen Ier, dédiée par le prophète *Hor*, fils de *Senma*.

C 3. — Stèle portant une date de la même année que la précédente. Toutes trois sont remarquables par la beauté de leur gravure, ainsi que tous les monuments un peu importants de la douzième dynastie.

C 4. — Stèle en granit rose.

C'est un acte d'adoration adressé à Osiris par *Ousourtasen*, fils de *Hathor se*. Elle est datée de l'an huit du roi Amenemha II (douzième dynastie). Tous ces monuments sont d'une antiquité qui défie les calculs raisonnables de l'archéologue.

C 8. — Stèle en pierre calcaire.

Deux princesses, filles du roi Sebek-hotep II, de la treizième dynastie, rendent hommage au dieu Horus, fils d'Isis, qui porte ici les attributs d'Ammon générateur.

C 9, 10. — Fragments d'une inscription portant la légende royale de Sebek-hotep IV. Treizième dynastie.

C 11, 12. — Stèles dédiées par *Amoni-senb* sous le règne de *Terenra*. Treizième ou quatorzième dynastie.

C 13. — Stèle en pierre calcaire.

La reine *Noubkhas*, appartenant à la treizième dynastie, fait ses offrandes à Osiris et à la déesse Hathor. Sa coiffure est un vautour, symbole de la maternité.

C 14. — Stèle en pierre calcaire.

Cette inscription, d'une si fine gravure, commence par les titres royaux de *Mentou-hotep*, roi de l'ancien empire, dont la place n'est pas encore exactement déterminée.

C 15. — Stèle en pierre calcaire, remarquable par sa gravure travaillée en relief dans le creux ; elle est antérieure à la dix-huitième dynastie.

C 26. — Grande stèle en pierre calcaire.

Antew, premier second (ou lieutenant) du roi, reçoit les hommages de son frère *Ahmès* et de son fils *Téti*. La grande inscription qui remplit le monument contient un éloge pompeux d'Antew (vers la douzième dynastie).

C 48. — Stèle en forme de porte, en granit rose.

La légende indique qu'elle fut dédiée par la reine Ha-t-Asou à son père Toutmès Ier. (Dix-huitième dynastie, vers le dix-huitième siècle avant Jésus-Christ.)

C 49. — Côtés d'un siége de statuette en pierre calcaire.

Ces deux petits fragments sont très-précieux, parce que leur dédicateur, nommé *Ahmès-Pensouban*, y énumère les campagnes auxquelles il prit part pendant les cinq premiers règnes de la dix-huitième dynastie.

Ce monument nous apprend notamment que Toutmès Ier pénétra, avec ses armées, jusqu'en Mésopotamie.

C 55. — Cette stèle est intéressante surtout parce qu'elle a conservé la légende d'un roi qui, vers la fin de la dix-huitième dynastie, à ce que l'on croit, obtint l'empire à Thèbes; ses cartouches furent ensuite effacés avec soin, ce qui prouve qu'il fut traité en usurpateur. Ce roi se nommait *Aï*. La stèle a été dédiée par un de ses partisans, mais elle n'a pas échappé à la réaction qui suivit son règne; les noms du roi y ont été martelés. La légende de son enseigne royale a échappé et le fait reconnaître.

C 57. — Stèle en pierre calcaire, rapportée par Champollion de Ouadi-Halfa, au fond de la Nubie; elle est datée de l'an deux de Ramsès Ier, père de Séti Ier. Le roi y fait un acte d'hommage au dieu Ammon.

C 68, 69, 70. — Porte de forme analogue à la précédente, mais surmontée d'un cintre.

Les deux chacals qui présidaient au nord et au midi du ciel reçoivent, dans le cintre, les prières d'un capitaine nommé *Horem-hébi*, qui était en même temps odiste du roi et scribe royal. Sur les montants sont gravées des prières adressées à divers dieux.

C. 100. — Stèle en pierre calcaire très-finement gravée.

La princesse *Mautiritis* est debout derrière son père. C'était un roi, on le voit à ses titres; son nom a été martelé avec soin. Les traces des caractères permettent peut-être d'y reconnaître un *Séti III*, nommé *Zeth* par Manéthon et indiqué par Hérodote sous le nom de Sethos comme ayant repoussé Sennachérib. L'inscription fait l'éloge de la princesse : *Elle a la palme de l'amour entre les hommes et les femmes. Le noir de ses cheveux est le noir de la nuit*, etc. Elle porte le titre de prophétesse des déesses Maut et Hathor.

C 140. — Trois fragments de pierre calcaire composant la porte d'une niche.

Sur le linteau, Osiris siége en juge ; il reçoit les prières de *Sennou*, lieutenant royal et grammate des jeunes soldats. Sur les montants, *Sennou* adresse des prières aux dieux Osiris, Anubis et Horus. Dans le bas, son fils *Amen-se*, à genoux, lui dédie ce monument.

C 167 et 168. — Stèles de la douzième dynastie, remarquables par la beauté de la gravure. Elles ont été dédiées par un fonctionnaire d'un rang élevé, nommé *Antew*, fils de *Setmena*.

C 196. — Stèle de la douzième dynastie au nom d'un fonctionnaire du *Khent* (intérieur), qui est représenté au milieu de sa famille et de ses serviteurs.

C 201. — Stèle de la fin de la dix-septième dynastie dédiée par un nommé *Bak* à une dame *Taouaou*. Cette dernière paraît être la grand'mère d'un roi inconnu que notre monument ne désigne que par les mots *pa-hak* (le roi), suivis des signes douteux *aa* ou *aah-nekht*. Il y a là une intéressante énigme historique à pénétrer.

C 213. — Stèle en pierre calcaire, de forme rectangulaire.

Cette pierre est très-intéressante pour l'archéologue, parce qu'elle représente l'investiture d'un collier d'honneur, accordée par le Pharaon Séti Ier à un fonctionnaire nommé *Harkhem*. Ce personnage, qui appartenait à la classe des *odistes*, lève les bras en signe d'allégresse pendant que des serviteurs lui attachent les grands colliers d'anneaux d'or que le roi vient de lui accorder. Séti Ier, à la figure juvénile et imberbe, paraît à une sorte de balcon et préside à la cérémonie. Les légendes gravées auprès de ces personnages contiennent l'ordre prononcé par le roi et la réponse où l'odiste *Harkhem* exprime sa reconnaissance; une grande prière adressée au dieu Phthah remplit les quatre lignes horizontales qui terminent la stèle.

Ce beau monument a été donné au Louvre par le prince Napoléon.

D.

MONUMENTS DIVERS.

—

SARCOPHAGES.

Les sarcophages des premières dynasties étaient taillés dans la forme d'un édifice. Ils n'étaient décorés que de simples lignes droites et brisées dont l'agencement produisait un excellent effet. Les deux feuilles de lotus variaient seules cette sévère ornementation. Tel était celui du roi Menkérès, trouvé dans la troisième pyramide de Giseh, et celui qui se voit aujourd'hui au musée de Leyde. Ceux du second empire sont de diverses formes; ils sont souvent couverts de scènes sculptées, et leur richesse alla toujours croissant jusqu'aux dernières époques de l'art égyptien. L'idée principale qui régit toute la décoration de ces beaux monuments est l'immortalité de l'âme humaine, doctrine nationale au plus haut degré chez les Égyptiens.

Ordinairement, la déesse de l'enfer, qui s'appelait *Amenti*, est gravée au fond du sarcophage; la momie re-

posait sur elle. Au-dessus s'étendait la déesse du ciel.
Les déesses Isis et Nephthys veillaient à la tête et aux
pieds du défunt. Les scènes gravées sur les parois intérieures et extérieures se rapportent toutes aux diverses
régions du ciel infernal que les âmes étaient censées parcourir à la suite du soleil. On trouvera quelques détails
de plus sur ce sujet à la description de la salle funéraire (1).

D 1. — Sarcophage en granit rose.

Cette cuve, taillée en forme de cartouche royal, a
reçu la momie du roi Ramsès III (vingtième dynastie);
elle fut trouvée en place dans son tombeau, et les inscriptions attestent sa destination. Le couvercle est à
Cambridge. La décoration se compose des scènes relatives à la course du soleil dans les sphères du ciel
infernal. Aux pieds et à la tête, les deux déesses protectrices, Isis et Nephthys, reposent sur un grand collier (2), symbole de l'or, et en même temps des salles
qui contenaient le sarcophage. Ce monolithe est du commencement du treizième siècle avant Jésus-Christ.

D 2 et 3. — Sarcophage en granit de forme humaine.

Dix-neuvième dynastie.

D 7. — Sarcophage en basalte, forme humaine.

Huit éperviers à tête humaine décorent la poitrine;
ils représentent certains esprits de la demeure des
âmes. Le défunt, nommé *Onchméri*, les invoque pour que
son âme vole vers la demeure où elle doit aborder et
qu'elle puisse heureusement se réunir à son corps.

(1) Voyez à la page 99.

(2) L'idée rappelée par ce signe paraît être la *fusion*, le *modelage*
nouveau par lequel l'action divine devait renouveler le type humain à
la résurrection.

D 8. — Sarcophage en granit gris.

Il appartenait à un prêtre de Memphis nommé *Taho*, fils de *Pétihaké*. Vingt-sixième dynastie, sixième siècle.

D 9. — Sarcophage en basalte.

Ce monument, apporté en France par Champollion, est le chef-d'œuvre de la gravure sur pierre dure aux dernières époques de l'art égyptien. Les scènes qui le décorent rempliraient un volume entier. C'est toujours la course du soleil et la pérégrination de l'âme dans les régions infernales qui en font le sujet. Il a été destiné à un prêtre du dieu Imouthès, fils de Phthah, nommé *Taho*.

D 10. — Sarcophage en granit gris.

Il a été gravé pour *Horus*, fils de *Tarot-en-Sekhet*. Sa décoration est analogue à celle des précédents, à l'extérieur. A l'intérieur, on remarque la série des quarante-deux juges infernaux qui assistaient Osiris dans le jugement de l'âme humaine.

D 11. — Sarcophage de forme humaine, en pierre calcaire.

Le défunt se nommait *Outahor*. Son âme, sous la forme d'un épervier à tête humaine repose sur sa poitrine. L'oiseau porte dans ses serres l'anneau, symbole des longues périodes du temps, après lesquelles s'opérera l'union si désirée de l'âme avec le corps. Les divers génies protecteurs complètent la décoration.

D 13. — Sarcophage en basalte vert.

Les inscriptions élégantes qui le décorent montrent qu'il fut taillé pour le prêtre Onchhapi, de Memphis, vers la dernière époque de l'art saïte.

D 14. — Pyramide en granit rose, sculptée sur deux faces (1).

Un scribe royal, *Anaoua* de Memphis, et sa sœur *Aoui*, sont en adoration devant le Soleil : une des faces sculptées est orientée au midi, l'autre au nord.

D 21. — Pyramide en pierre calcaire, sculptée sur les quatre faces.

Face principale : le dieu *Ra* ou soleil, forme humaine à tête d'épervier, est sur son trône. Il tient le signe de la vie et le sceptre divin. Sa légende lui donne le nom de *dieu des deux horizons, seigneur du ciel.* C'était la face méridionale.

La seconde face montre le dédicateur nommé *Piaï* adressant son hommage *au soleil levant*, comme l'explique la légende.

La face suivante fait voir le même personnage dans un naos. Son âme se trouve à gauche, sous la forme d'un épervier à tête humaine, les bras élevés en signe d'adoration. Le ciel nocturne était censé la demeure des âmes.

La quatrième face, ou celle de l'ouest, est occupée par le dieu funéraire, Anubis, sous la forme d'un chacal; il est surmonté par les symboles de l'espace et du temps.

Les autres pyramides sont toutes décorées de sujets analogues à ceux que nous venons de décrire.

---

(1) Les grandes pyramides étaient les tombeaux des rois; mais leur exacte orientation avait fait supposer qu'on les avait mises en relation avec le culte du Soleil. Nos pyramides votives confirment ces caractères. Le principal personnage est ordinairement figuré en adoration, la face tournée vers le midi : à sa gauche sont les formules d'invocation au soleil levant, et à sa droite des formules analogues adressées au soleil couchant. Ces dispositions varient de diverses manières, mais toujours en rappelant l'orientation des monuments.

D 29. — Naos monolithe en granit rose.

Ces sortes de niches étaient fermées par des portes; elles renfermaient la statuette de quelque dieu. Celle-ci avait été dédiée par le roi Amasis à la fin de la vingt-sixième dynastie. On y remarque que les titres d'Amasis ont été martelés, ainsi que son nom. Ce roi était un usurpateur. Il paraît qu'après la conquête de Cambyse, les anciens partisans d'Apriès exercèrent leur vengeance en effaçant ainsi les noms et titres d'Amasis. C'était la méthode égyptienne pour signaler les usurpateurs après leur déchéance. Cambyse, qui avait épousé la fille d'Apriès, pouvait se prétendre l'héritier légitime du trône de Memphis. Les faces extérieures sont ornées de diverses séries de divinités finement gravées.

D 30. — Naos monolithe en granit.

Ce naos, dédié par Ptolémée-Évergète II, est très-inférieur, comme gravure, à celui d'Amasis.

D 31. — Portion de la base de l'obélisque de Louqsor.

La décoration de cette face se compose de quatre singes de l'espèce nommée cynocéphale, debout, les mains levées. Ils représentent les esprits de l'orient en adoration devant le soleil levant. Entre ces animaux sont gravés les cartouches de Ramsès II.

D 35. — Montant d'une porte en granit rose.

La légende royale qui le décore est celle de Tout-mès II. (Dix-huitième dynastie.)

D 36. — Autel en grès.

Il a été consacré au soleil et à Osiris par un scribe royal, nommé *Ani*, et par un prêtre de Phthah, nommé *Ptah-maï*. Style de la dix-neuvième dynastie.

D 37. — Fragment en granit gris.

C'était une sorte de calendrier où étaient représentées, sous la forme d'un épervier à tête humaine, voguant dans une barque, les trente-six décades de jours qui composaient l'année égyptienne.

D 38. — Moulage en plâtre du zodiaque circulaire de Denderah.

Ce monument, qui a donné lieu à des discussions si célèbres au commencement de ce siècle, a perdu le prestige de l'antiquité fabuleuse qu'on avait voulu lui attribuer. C'est une œuvre des plus bas temps de l'art égyptien et très-probablement de l'époque romaine. Les figures des anciennes constellations égyptiennes y sont mélées aux douze signes du zodiaque introduit en Égypte par les Grecs.

D 39. — Sarcophage destiné à une dame nommée *Tent-hapi*. La gravure en est très-fine, et les légendes extrêmement soignées témoignent de la patience des artistes égyptiens. Le disque rayonnant, qui réchauffe l'âme humaine, occupe comme d'ordinaire la place de la poitrine. Au-dessous, le scarabée, symbole mystérieux de la renaissance divine, semble compléter le sens de cette promesse d'immortalité. Les déesses Isis et Nephthys, sœurs d'Osiris, tendent à droite et à gauche les voiles enflées, symbole de l'haleine vitale. La légende gravée auprès d'Isis explique clairement le sens de l'action de ces déesses : *Je viens à toi, je suis près de toi*, dit la déesse, *pour donner l'haleine à tes narines, pour que tu respires les souffles sortis du dieu Atmou* (le soleil couchant), *pour réjouir ta poitrine, pour que tu sois déifié; que tes ennemis soient sous tes sandales, et que tu sois justifié dans la demeure céleste.* Sous cette scène, on voit la défunte devant le juge infernal; les chacals, guides des chemins du nord et du midi, reposent à ses pieds, comme pour diriger ses pas dans le séjour des âmes. Sur les flancs, la défunte est placée devant deux longues rangées de dieux célestes. Derrière elle, on voit son âme sous la forme de l'épervier à tête humaine; elle porte à son cou la croix ansée, symbole de la vie éternelle. Les serpents qui ornent les bords du sarcophage figurent, par leurs longs replis, les pérégrinations que l'âme doit subir dans la région infernale.

Le dessous du couvercle est orné de la figure ordinaire de la déesse du ciel. Le fond de la cuve porte au contraire la déesse de l'*Amenti*, séjour des morts; et le dessous de cette cuve elle-même porte une inscription admirablement gravée : c'est une prière de la défunte.

D 40. — Sarcophage de *Teskertes*, nom qui paraît étranger à l'Égypte (1). Sur la poitrine, un disque solaire déverse ses rayons sur l'épervier à tête humaine qui représente l'âme. A droite et à gauche, les déesses Isis et Nephthys lui tendent les voiles enflées, symbole du souffle de la vie. Au dessous, le scarabée; à droite et à gauche, sur les flancs, les quatre génies funéraires, protecteurs des entrailles. La décoration est complétée par une série des dieux célestes adorés par le défunt. Aux pieds, les chacals, *guides des chemins célestes*.

A l'intérieur du sarcophage sont figurées les deux déesses du ciel et de l'enfer.

---

(1) Sans doute un grec nommé *Tisicratès*.

SALLE D'APIS.

Tous les monuments qui sont réunis dans cette salle proviennent des fouilles dirigées par M. Mariette auprès d'Abousir. Elles ont eu pour résultat de mettre au jour les souterrains où les Égyptiens avaient enterré les taureaux sacrés, adorés à Memphis.

Apis (en égyptien Hapi) était le nom de cet animal vénéré, qui personnifiait, aux yeux des peuples, la présence de la divinité. Le dieu suprême, à Memphis, se nommait Ptah. Apis était qualifié la seconde vie de Ptah, et quelquefois le fils de Ptah. Apis était donc, à leurs yeux, la divinité toujours présente. Lorsqu'il était mort, tout le pays était en tristesse jusqu'à ce qu'il plût à la divinité de se manifester de nouveau. Tout retard dans l'apparition du nouvel Apis était interprété comme un signe de la colère de Dieu, qui refusait sa présence à son peuple. La plus grande joie éclatait, au contraire, quand on avait reconnu les marques sacrées sur un jeune taureau. La statue d'Apis, S. 98, placée au milieu de la salle, fut trouvée en place dans sa chapelle; elle paraît avoir été sculptée vers la fin du règne des souverains nationaux. On y distingue parfaitement encore les marques sacrées, quant à la couleur d'Apis; elles consistaient dans des taches noires régulières, terminées en forme de croissant; la tête était

3.

noire, avec un triangle blanc sur le front (1). La peinture
de cette partie n'est plus visible sur le taureau.

Le zèle pour les funérailles d'Apis semble avoir
augmenté à mesure que l'on s'approche des derniers
temps. Les premiers tombeaux étaient très-simples; sous
les derniers Saïtes et sous les Ptolémées, au contraire, les
taureaux furent ensevelis dans de magnifiques sarcophages
de granit, et les auteurs nous parlent des prodigalités
excessives employées souvent pour ces funérailles. La
tombe d'Apis est nommée par les Grecs Sérapéum ou
temple de Sérapis; mais, pour les Égyptiens, Sérapis
n'était autre chose que l'Apis mort; car, chaque mort
étant assimilé à Osiris, Apis mort devenait *Osiris-apis* ou
Osar-hapi, d'où est venu par abréviation *Sarapis*. Les
plus anciens monuments trouvés dans la tombe d'Apis
datent du règne d'Aménophis III (dix-huitième dynastie).
Le culte de ce taureau existait pourtant dès l'ancien
empire, mais les tombes sacrées étaient sans doute dans
un autre lieu qui n'a pas été retrouvé. Les dernières inscriptions recueillies jusqu'ici nous conduisent jusqu'à
l'époque de Cléopâtre et de son fils Cæsarion. Après la
statue d'Apis, les monuments les plus remarquables de
cette salle sont les suivants :

Les deux lions : celui qui occupe le centre de la fenêtre
est un chef-d'œuvre, l'imitation de la nature n'y laisse rien
à désirer; quoiqu'il ne porte aucune inscription, on peut
affirmer qu'il est du dernier style des rois saïtes.

Les deux sphinx S 971 et 972 sont les mieux conservés;
les profils sont finement exécutés. Les rois qu'ils représentent ne sont pas nommés, mais ils ressemblent, le premier au roi Apriès, et le second au roi *Necht-har-hébi*.

---

(1) On aperçoit aussi quelquefois dans les peintures des stèles un
croissant blanc sur le poitrail.

Les vases que l'on nomme ordinairement canopes sont ici d'une taille énorme. Ils servaient à renfermer certaines parties des entrailles, sous la protection des quatre génies, fils d'Osiris. On les a trouvés, comme à l'ordinaire, par collection de quatre. Les inscriptions qui les décorent sont des allocutions adressées par les déesses funéraires, qui promettent de protéger la portion d'entrailles de l'Apis renfermée dans le vase. Les canopes S 1151, 1152, 1153, 1154, se distinguent par la finesse des têtes qui les surmontent; ils sont de la dix-neuvième dynastie.

S 993. — Portion d'un linteau de porte en pierre calcaire.

On y voit un des derniers rois d'Égypte, nommé *Necht-har-hébi*, embrassant la déesse Isis. Les cartouches du roi se lisent sur les autres faces.

Le pourtour de la salle est couvert par une collection d'une valeur inappréciable pour l'archéologue. Ce sont toutes les inscriptions trouvées dans les tombeaux d'Apis. Elles ne contiennent habituellement qu'un acte d'hommage adressé au dieu par les prêtres attachés à son service; mais leur grand intérêt pour la science réside dans une quantité de dates du règne des différents souverains sous lesquels étaient morts les Apis, et dans le nombre de personnages importants qu'elles nous font connaître ou dont elles assignent l'époque. Nous indiquerons seulement ici les plus importantes de ces inscriptions.

S 1553. — Contient la mention de la mort de trois Apis successifs sous le règne de Ramsès II. Il paraît que le fils aîné de ce roi, qui était grand-prêtre de Ptah à Memphis, eut une grande ferveur pour le culte d'Apis; on lui doit des travaux importants, et M. Mariette a retrouvé, dans les chambres consacrées par ce prince, des ex-voto précieux que nous décrivons à la salle historique du premier étage (1).

(1) Voyez à la page 73.

S 1555. — Se rapporte à un Apis mort pendant le temps ou Ménephthah, qui succéda à Ramsès II, n'était encore que prince royal. Le culte d'Apis était alors en grand honneur ; on peut juger, par l'idolàtrie du veau d'or, quel empire cette superstition avait déjà pris sur l'esprit des Israélites pendant leur séjour dans la basse Égypte, d'où Moïse les fit sortir vers cette époque.

1898. — Cette stèle est datée de l'an vingt-huit du roi Scheschonk III ; elle est précieuse par la généalogie de la famille royale qu'elle contient. Vingt-deuxième dynastie.

S 1904, 1905, 1906. — Ces inscriptions nous ont donné le nom d'un roi inconnu jusqu'ici, *Pimaï*, père de Scheschonk IV. Un taureau sacré, né l'an vingt-huit de Scheschonk III, mourut l'an deux de Pimaï, et les stèles nous apprennent qu'il vécut vingt-six ans. On comprend que ces secours sont bien précieux pour la chronologie. Les auteurs grecs disaient qu'Apis devait être tué au bout de vingt-cinq ans s'il ne mourait pas naturellement avant ce terme. Il paraît que cette règle n'était pas en vigueur sous la vingt-deuxième dynastie, puisqu'on y trouve deux Apis qui vécurent au moins vingt-six ans.

S 1969. — Se rapporte à un Apis mort l'an trente-sept de Scheschonk IV. Ce roi et les trente-sept années de son règne sont également une nouvelle acquisition, entièrement dùe aux stèles du Sérapéum.

S 1995. — Cette inscription, tracée à l'encre et bien peu lisible, permet pourtant de reconnaître les deux cartouches de Bockoris, dont ces stèles ont également révélé les premières le vrai nom égyptien, qui se lit *Bok-en-renw* (vers 720 avant J.-C.).

S 2018. — Est datée de l'an 24 du troisième roi éthiopien, Tahraka (vers 672 avant J.-C.).

S 2035. — Est l'épitaphe d'un Apis né l'an 46 de Tahraka, et mort l'an 20 de Psammétik Ier (vers 645).

S — Cette pierre, d'une admirable gravure, est datée de l'an 52 de Psammétik Ier Elle constate une restauration de la tombe d'Apis entreprise à ce moment.

S 2243. — Est l'épitaphe officielle de l'Apis mort l'an 16 de Nékao (vers 595).

S 2244. — Épitaphe semblable pour l'Apis mort l'an 12 du roi Ouaphrès (vers 578).

S 2259. — Épitaphe de l'Apis mort l'an 23 du roi Amasis (vers 549). Outre la beauté de la gravure, qui fait de ces stèles officielles des monuments hors ligne et sans analogues dans les musées d'Europe, elles établissent d'une manière complète la chronologie de toute cette partie de l'histoire d'Égypte.

S 2254. — Cette stèle nous montre un prêtre du temps d'Amasis, nommé *Psammétik nowre-sim*, prosterné devant Apis; on remarquera l'excellent dessin du taureau sacré. L'inscription rapporte la généalogie paternelle du personnage jusqu'à la dix-neuvième génération.

S 2287. — Cette inscription, devenue malheureusement à peu près illisible, était l'épitaphe de l'Apis mort sous Cambyse, et né, à ce qu'il semble, l'an 25 d'Amasis. On possède son sarcophage sculpté par ordre de Cambyse.

S 2274. — C'est l'épitaphe du taureau mort l'an 4 de Darius. Nous pensons que c'est le même Apis que Cambyse blessa, dans sa fureur, lorsqu'à son retour de la malheureuse expédition d'Éthiopie, il trouva les Égyptiens se livrant aux réjouissances qui accompagnaient les fêtes de la théophanie d'un nouvel Apis (en 518 avant Jésus-Christ).

S 23ɷ3. — Stèle datée de l'an 34 de Darius. Cette belle inscription a été dédiée par un prêtre nommé *Psammé-tik-em-Khou* (en 488).

S — Est le moulage d'une inscription qui rappelle le gouvernement, en Égypte, d'un prince ou satrape inconnu jusqu'ici; il se nommait *Khabaisch;* on le proclame *Aimé d'Apis*, et cette inscription est gravée sur un sarcophage du Sérapéum.

S — Fragment d'une stèle en granit noir. C'était l'épitaphe de l'Apis mort l'an 51 du roi Ptolémée Évergète II (179 avant Jésus-Christ). Elle relate toutes les époques de sa vie.

PORTE DU SÉRAPÉUM.

Cette porte, dont M. Mariette a soigneusement remonté toutes les parties dans leur ordre primitif, donnait accès dans les souterrains de la tombe d'Apis. Elle avait été construite au commencement de la dynastie des Ptolémées. Les prêtres d'Apis ont gravé leurs actes d'adoration sur toutes ses parties. Les inscriptions, généralement datées, nous font connaître une foule de personnages intéressants du temps des Lagides.

SALLE ANNEXE DU SÉRAPÉUM.

Au milieu de la salle se trouve un des lions du Sérapéum. Il a été sculpté vers l'époque de Nekhtanebo. C'est le même roi qui est représenté dans la stèle du piédestal avec une série de divinités égyptiennes.

A gauche, en face de la fenêtre, est une divinité qu'on appelle ordinairement Typhon. Son vrai nom égyptien paraît avoir été *Bès*. C'est un nain trapu et guerrier portant

comme Hercule la peau de lion : il a des yeux de taureau,
et ses figures le mettent en rapport constant avec Apis.
Dans le socle est incrusté une bonne figure d'Apis,
sculptée en creux qui porte le titre ordinaire : *Apis,
seconde vie de Ptah.*

Le long des murs sont rangés des vases funéraires dits
Canopes (voyez plus haut : page 59, l. 1), en pierre calcaire et en albâtre. Quatre de ces derniers, S 1176 à 1179,
ont été dédiés à Apis par le fils aîné de Ramsès-Meïamoun, nommé *Kha-em-uas.*

Les armoires contiennent la suite des stèles de la tombe
d'Apis.

ESCALIER.

Les tableaux qui sont suspendus dans l'escalier n'appartiennent pas au Louvre. Ce sont des calques faits par
MM. Bertrand et Joret, à Biban el Molouk, sur le tombeau de Ramsès Ier. Dans la paroi de gauche, en montant,
on voit : 1° le roi Ramsès Ier adorant le scarabée, symbole
du créateur; 2° Osiris sur son siége de juge infernal; le
roi lui est amené par les dieux *Horus* et *Toum*, et par la
déesse *Neit.* Dans la paroi de droite, le soleil, figuré par
un homme à tête de bélier, vogue dans sa barque; le serpent exprime, par ses ondulations, la route de l'astre qui
traverse la région des âmes. Le second tableau contient la
suite du même sujet. La scène suivante nous montre le
roi Ramsès entre les dieux protecteurs de l'âme, Horus
et Anubis.

Dans les deux petits tableaux, le roi est représenté
adorant les dieux *Ptah* et *Nowre Atmou;* les déesses *Ma,*
ou Justice, se tenaient à droite et à gauche de la porte
qu'accompagnaient ces deux tableaux, pour y recevoir le
roi défunt.

Les auteurs de ces beaux calques ont obtenu la permission de les exposer au Louvre, dans le Musée Égyptien. Ils donnent l'idée la plus exacte de la décoration d'un tombeau royal de la dix-neuvième dynastie.

Les blocs de grès qui sont réunis sous le n° C. 51 formaient le revêtement d'une muraille au palais de Karnak. Ce n'est qu'un fragment d'une longue inscription connue dans la science sous le nom d'*Annales de Touthmès III*, récit d'une expédition guerrière entreprise par ce roi, l'an vingt-neuf de son règne, avec énumération des tributs imposés aux vaincus.

Voir plus haut, sous la lettre A, la description des statues réunies sur le palier.

SALLE HISTORIQUE.

Champollion avait classé les monuments égyptiens réunis dans le Musée Charles X, sous les titres de : 1º Salle des dieux ; 2º Salle civile ; 3º Salle funéraire. Tout en respectant cet ordre excellent, nous avons subdivisé les monuments civils, en faisant une section spéciale pour les monuments historiques, c'est-à-dire pour les objets dont le principal intérêt se rapporte à la série des événements publics. Les progrès de la science ont rendu ces objets plus nombreux aujourd'hui qu'à l'époque de Champollion. Mais la dimension des salles n'a pas permis de suivre toujours exactement ces principes ; des inscriptions placées dans chaque armoire indiquent la division à laquelle se rapportent les objets qu'elle contient. La salle historique est la première qui se présente en sortant de l'escalier.

Sur la cheminée est placée une statuette d'un travail très-fin ; la matière est une sorte de stéatite jaune qui prend un beau poli. Elle représente Aménophis IV, un des derniers rois de la dix-huitième dynastie. Ses traits étaient loin d'être beaux. On a cherché ici sa ressemblance avec soin, car on reconnaît facilement le même profil sur les grands bas-reliefs sculptés par ses ordres en divers endroits. C'est ce roi qui voulut détruire le culte d'Ammon et fit effacer le nom de ce dieu sur les monuments de Thèbes.

Les deux sphinx de bronze qui sont à droite et à gauche de cette figure paraissent représenter le roi saïte Ouaphrès.

Les colonnes tronquées qui ornent la salle portent : l'une la statuette du roi Psammétik II, en basalte vert; l'autre, un vase d'albâtre qui a servi d'urne funéraire à un membre de la famille *Claudia*. C'était originairement un vase égyptien du dixième siècle avant notre ère. Un prêtre du dieu Ammon l'avait fait décorer des cartouches royaux d'Osorkon Ier, de la vingt-deuxième dynastie.

ARMOIRE A.

Les principaux objets de cette armoire sont, dans le bas, plusieurs stèles provenant du Sérapéum.

S 1907. — Cette stèle est entièrement peinte à l'encre rouge.

Le roi *Pimaï* y est figuré adorant un Apis de forme humaine, à tête de taureau, la deuxième année de son règne. Ce roi, que les stèles du Sérapéum ont fait connaître pour la première fois, fut le successeur de Scheschonk III (vingt-deuxième dynastie), vers le milieu du neuvième siècle.

S 1959. — Cette stèle consacre la mémoire d'un Apis, né l'an 11 et mort l'an 37 de Scheschonk IV, fils du roi Pimaï. Ce dernier Scheschonk n'est également connu que par les stèles du Sérapéum.

S 2252. — Nous fait connaître un prince, Psammétik, fils d'Amasis et d'une reine nommée *Tentkhéta*, dont le nom était également inconnu avant la découverte de cette stèle. C'est probablement ce même prince qui ne régna que quelques mois avant l'invasion des Perses, et fut le troisième roi du nom de Psammétik.

On y voit aussi un canope de la tombe d'Apis marqué au cartouche de Ramsès-Meïamoun.

Les autres inscriptions de cette armoire portent toutes des dates ou des noms royaux intéressants à étudier pour l'archéologue.

[Dans le corps de l'armoire, sur la première tablette, le milieu est occupé par un joli groupe de trois statuettes en or, représentant Isis et Horus qui étendent la main sur Osiris en signe de protection. Osiris, coiffé du diadème *Atew*, et le corps enveloppé, est accroupi sur un dé en lapis lazuli au nom du roi Osorkon II. L'inscription du socle, reflétée par une glace, contient une formule religieuse en faveur du même roi. Ces figurines sont d'un excellent modelé et d'une finesse remarquable.]

A côté l'on remarque une figure fruste en basalte vert. C'est évidemment un portrait de roi ; mais les cartouches qui étaient sans doute sur le socle ont disparu avec la partie inférieure de cette belle statuette, qui paraît être du meilleur style saïte (1).

Les figures en schiste noir sont des images funéraires du prince *Kha-em-uas*, fils aîné de Ramsès II. Elles sont accompagnées de quelques figures de personnages de la même époque.

Deux vases d'albâtre finement gravés sont sur la même rangée : l'un porte les cartouches du roi Nékao (vingt-sixième dynastie) ; l'autre, le nom de la reine *Amenmeri*.

Une statuette très-finement sculptée en marbre blanc représentait le roi Aménophis II, agenouillé et offrant des vases à quelque divinité ; la tête a disparu.

(1) En raison du caractère étranger à l'Égypte, de la figure représentée, M. de Rougé était revenu sur sa première appréciation et pensait qu'on pouvait considérer ce beau morceau comme le portrait d'un roi pasteur. (P. P.)

Sur la seconde tablette, sont des statuettes funéraires en grès rouge, qui appartiennent encore au prince *Kha-em-uas*. La figurine en faïence, d'un bleu éclatant, est une des figurines funéraires trouvées dans le tombeau de Séti Ier, ouvert par Belzoni. Nous considérons ce roi comme le chef de la dix-neuvième dynastie, vers le commencement du quinzième siècle.

Un vase d'albâtre porte le cartouche de *Rameri*, de la sixième dynastie.

Un autre vase en faïence bleue est décoré des cartouches d'un roi qui n'est connu que par cet objet provenant du Sérapéum; il se nommait *Ramsès-si-Phthah*.

Troisième tablette. L'emblème nommé *Tat* porte le cartouche de Ramsès VIII. Les vases sont marqués aux cartouches d'autres rois de la vingtième dynastie.

Parmi les stèles de cette tablette on remarque une inscription cursive du temps du roi *Necht-har-hébi* et une stèle du roi Scheschonk IV, où il est indiqué comme *fils de Pimaï*.

Sur la tablette la plus élevée sont : 1º un vase de la vingtième dynastie; 2º une figure funéraire de Ramsès IV (même dynastie); 3º une figure fruste en granit rose; elle appartenait au roi Aménophis III (dix-huitième dynastie) et porte son cartouche.

ARMOIRE B.

Dans la partie inférieure, un bas-relief en pierre calcaire nous a conservé les traits du prince *Kha-em-uas*, fils aîné et favori de Ramsès Méiamoun. Ce prince, fils de la reine Isinofre et grand-prêtre de Ptah à Memphis, fut très-zélé pour le culte d'Apis, et nous lui devons de nombreux monuments. Ce profil bien caractérisé nous permet de constater qu'on a toujours cherché, avec plus ou moins de succès, à reproduire sa ressemblance dans les figurines qui portent son nom.

Au-dessus de ces bas-reliefs, un sphinx en bronze représente le roi *Ouaphrès* (Apriès d'Hérodote); les cartouches de ce roi sont sculptés sur les épaules, mais ils sont difficiles à distinguer, car ils sont cachés sous une inscription fausse gravée plus tard sur les flancs du sphinx.

Le bas de cette armoire contient encore un vase en pierre dure décoré des deux cartouches d'Aménophis Ier et une chatte en bronze dédiée par Psammétik Ier.

Sur la première tablette on voit une statuette en bronze autrefois ornée d'une riche damasquinure en or qui relevait la gravure des vêtements et du collier. L'inscription du socle nous apprend que cette figure représente la reine *Keramama*, épouse de Takelothis Ier (vingt-deuxième dynastie). Le galbe de ce corps juvénile est extrêmement gracieux.

Diverses figurines de bronze représentent des rois qu'on n'a pas encore identifiés.

Sur cette même tablette on voit un petit vase d'albâtre qui porte le nom d'une princesse dont l'époque n'est pas connue. Elle s'appelait *Noub-em-Tcchou*. Le sens de ce nom est exactement notre locution : *Valant son pesant d'or*.

Une sorte de bouteille plate en faïence verte, de la forme des eulogies, porte les cartouches de Psammétik Ier (vingt-sixième dynastie).

Au fond, un petit volet provenant d'une chapelle portative, en bois doré et émaillé, montre le roi Amasis en adoration devant Horus. L'autre fragment de bois, de forme analogue, est un souvenir presque unique dans la science, du roi Pétubastès (vingt-troisième dynastie) vers la fin du neuvième siècle.

Le haut de l'armoire est occupé par des figures royales
peintes sur des éclats de pierre.

ARMOIRE C.

Parmi les objets très-divers qui sont dans le bas de cette
armoire, nous ferons remarquer une stèle où la reine
Ahmes-nourreari est adorée. Cette princesse, épouse du
roi Ahmosis, qui expulsa les pasteurs à la fin de la dix-
septième dynastie, joua sans doute un grand rôle à cette
époque si critique pour l'Égypte ; en effet, elle fut l'objet
d'une vénération dont on trouve les traces pendant plus de
cinq cents ans après sa mort.

Le coffret rectangulaire, en faïence verdâtre, est une
boîte à jeu ; le dessus est divisé en cases régulières sur lesquelles les pions marchaient d'après certaines règles. Les
côtés sont ornés des cartouches de la reine *Ha-t-Asou*,
fille de Toutmès Ier et régente après sa mort.

Le vase d'albâtre porte le cartouche du roi Népherkérès, de la cinquième dynastie.

Deux garnitures de porte en bronze sont décorées d'inscriptions où se lisent les noms de la reine *Nitocris* et de sa
mère *Schap-en-ap*.

[On remarque encore trois vases d'albâtre aux noms des
rois Tat-Ka-ra, Pepi et Amenhotep II.]

Dans le corps de l'armoire on a disposé une collection
des cartouches des souverains d'Égypte, gravés ou peints
sur des objets d'un petit volume qui permît de les ranger
en un ordre chronologique non interrompu.

Le premier est le cartouche de Ménès, gravé sur une
feuille d'or ; mais l'authenticité du monument est fort
douteuse. Cette collection s'enrichit chaque jour ; la
douzième dynastie est presque complète, malgré sa prodi-

gieuse antiquité. Le dernier cartouche est celui d'Antonin, gravé sur un scarabée en marbre.

Une petite stèle, aux noms d'Aménophis III, mérite surtout l'attention pour la beauté de son travail en terre émaillée, bleu sur blanc. Les cartouches en cuir gaufré de la vingtième dynastie montrent l'antiquité de ce genre d'ornements.

Au-dessus de la série des noms royaux est un chevet en ivoire, qui porte le cartouche du roi Népherkérès, cinquième dynastie; deux vases d'albâtre l'accompagnent: l'un porte le nom du roi *Merira*, sixième dynastie, et l'autre le nom de Népherkérès.

Un vase de cristal de roche porte les cartouches d'un roi nommé *Amen-rut*, qui est probablement l'Amyrtée des historiens grecs (1).

Dans le haut de l'armoire on remarque deux bas-reliefs qui représentent l'enfance de Ramsès II. Dans l'un, le roi est déjà adolescent; il est debout près d'un lion, son arc à la main: il porte encore la tresse de cheveux, signe distinctif que l'on quittait à l'âge viril. Ses monuments nous le dépeignent en effet comme ayant fait la guerre dès son enfance.

Dans l'autre fragment, Ramsès II est un véritable enfant; il est déjà roi, comme le montrent la vipère qui surmonte sa coiffure et les titres gravés auprès de lui. Il est coiffé de la grosse tresse pendante et porte le doigt à sa bouche en signe d'enfance.

ARMOIRE D.

Cette armoire a reçu des objets de toutes sortes qui n'ont pu trouver place dans leurs séries. On y trouve :

(1) On a identifié ce prince avec le beau-fils et successeur de Tahraka, nommé, en assyrien, Urdamani. Mais M. de Rougé n'admettait pas cette assimilation et voyait dans Amen-rut un Égyptien contemporain de Piankhi. (P. P.)

1º Un choix de petites stèles provenant du Sérapéum, quelques-unes sont dessinées aux deux encres, noire et rouge, avec une sûreté de main étonnante ;

2º Les cônes en terre cuite : on ne connaît pas bien la destination de ces objets ; la partie la plus large porte ordinairement une empreinte où se lisent le nom, les titres ou la généalogie d'un personnage défunt ; quelques-uns sont utiles pour l'histoire par ces inscriptions ;

3º Des tessons de vase, des cailloux et des fragments de pierres couverts d'écriture hiératique. Ils ont servi de matériaux pour écrire, sans doute à cause du prix élevé du bon papyrus. On y trouve habituellement des prières funéraires et quelquefois des documents civils.

Le fond de l'armoire est occupé par des boîtes de momie.

BOITES DE MOMIE E, F.

Ces deux boîtes de momie sont une des plus précieuses acquisitions du musée égyptien du Louvre. Ce sont deux cercueils royaux qui ont appartenu à des rois de la onzième dynastie. Le premier, E, est fort simple ; il semblerait avoir été improvisé. Le cartouche peint sur la poitrine a été évidemment ajouté lorsque la boîte était déjà peinte et décorée. L'inscription sur le devant est une courte allocution de la demeure funéraire qui va recevoir le roi défunt.

Le cercueil F est, au contraire, assez richement orné ; il était entièrement doré, et les yeux sont incrustés en émail. Toute la décoration se compose de grandes ailes qui enveloppent tout le corps du roi défunt. L'inscription se compose d'abord d'un hommage au dieu funéraire Anubis. Après cette prière vient la mention curieuse que ce cercueil a été dédié au roi *Antew l'aîné*, par son frère le roi Antew. Il semble que les deux cercueils aient été destinés au même roi ; ils ne s'emboîtent pourtant pas l'un dans l'autre. Le cercueil doré ne serait-il qu'un cénotaphe, ou bien un hommage adressé au roi Antew l'aîné par son frère, qui aura trouvé le premier cercueil trop mesquin ? C'est ce que je n'oserais décider.

La famille des Antew est la première dynastie *thébaine*, elle précède immédiatement la douzième dynastie dans l'ordre des temps. Ces cercueils, et un troisième que possède le musée britannique, ont été trouvés avec le tombeau de ces rois dans la montagne funéraire voisine de Thèbes. Ces cercueils royaux sont donc d'une authenticité parfaite et d'une prodigieuse antiquité (1).

VITRINE H.

Le Louvre est riche en bijoux égyptiens présentant un intérêt historique.

La coupe d'or porte le cartouche de Thoutmès III, dix-huitième dynastie. Elle a été donnée, comme récompense, par ce roi à un fonctionnaire, gouverneur des îles, nommé *Tothi.*

Les bijoux trouvés dans la tombe d'Apis ont été dédiés par le prince *Kha-em-uas*, comme *ex-voto*, dans les chambres qu'il avait fait construire en l'honneur d'Apis. Les grands personnages du même temps ont aussi dédié quelques-uns de ces bijoux.

La plaque découpée à jour, qui est au centre, est une sorte de pectoral. Un uræus et un vautour les ailes étendues représentent les déesses du ciel du Nord et du Midi; l'épervier à tête de bélier est une des formes du soleil. Il est surmonté d'un cartouche de Ramsès II, qui nous donne la date précise de ces bijoux. Celui-ci est en or incrusté de pâtes de verre dont le temps a altéré les couleurs.

---

(1) Ces deux boîtes de momie ont été transportées, faute de place, dans la dernière salle de la galerie égyptienne. (P. P.)

4

A gauche est un épervier les ailes étendues; il porte également une tête de bélier. Cette tête est un chef-d'œuvre de ciselure. Tout le corps de l'épervier est couvert de petites plumes en lapis, cornaline ou feldspath vert, incrustées dans de petites cloisons d'or.

A droite, un épervier les ailes étendues; même travail que le précédent.

Le gros scarabée en lapis, monté sur un pectoral d'or, provient de la même trouvaille; à droite et à gauche les déesses Isis et Nephtys sont représentées en adoration; l'émail a disparu de ces figures.

Une plaque de serpentine verte revêtue d'or a été dédiée par *Psar*, un des principaux officiers de Ramsès II. C'est ce que nous apprend l'inscription gravée au-dessus du scarabée. Le revers porte une inscription gravée avec une délicatesse infinie.

C'est le même personnage qui avait aussi dédié la petite colonne en feldspath vert garnie d'or et le gros scarabée de feldspath vert.

Les cornalines rouges de diverses formes portent les noms du prince *Kha-em-uas* et du même *Psar*.

Tels sont les bijoux que savaient faire les contemporains de Moïse. On voit que l'art de ciseler l'or, d'y incruster les pierres fines et de graver les matières les plus dures, était porté au plus haut degré de perfection au moment où les Israélites habitèrent l'Égypte.

Il faut encore citer le sceau du roi Horus, de la dix-huitième dynastie; il porte les titres ordinaires de ce roi, et, sur le côté, un lion passant, du plus admirable style.

Une autre bague d'or, à chaton rectangulaire, porte le nom d'Aménophis II.

Une bague d'or, d'une forme singulière, porte sur son chaton deux petits chevaux en ronde bosse. On peut y voir un souvenir des deux chevaux de Ramsès II; ce prince les avait consacrés au Soleil, en souvenir de sa victoire, au retour de sa première campagne en Asie.

VITRINE I, J, K, L, M.

La vitrine I contient le masque composé d'une feuille d'or, trouvé dans la chambre d'Apis consacrée par le prince *Kha-em-uas*, ainsi que divers bijoux provenant du même endroit.

Les autres vitrines sont remplies de figurines funéraires trouvées dans les tombeaux successifs des divers Apis. Elles représentent, en général, des personnages importants de Memphis, dont l'époque se trouve précisée par celle de l'Apis auquel ils rendirent hommage en faisant déposer leur figurine dans son tombeau.

Les belles figurines à fond blanc de la vitrine M appartenaient au même *Psar*, dont nous avons parlé tout à l'heure, et qui paraît avoir joué un rôle très-important au commencement du règne de Ramsès II.

VITRINE N.

(Monuments de la sixième à la dix-huitième dynastie.)

Elle contient des objets très-divers, mais presque tous portant le nom d'un souverain. La boîte d'ivoire est d'une excessive antiquité, puisqu'elle porte la légende royale de *Méri-en-ra* qui se place dans la sixième dynastie. On y remarque plusieurs objets intéressants qui ont appartenu à la reine *Taïa*, épouse d'Aménophis III, dix-huitième dynastie; tels que le bracelet de terre émaillée et l'étui de la même matière. Plusieurs gros scarabées du même règne présentent la circonstance, malheureusement trop rare, d'avoir été

gravés en mémoire d'un événement important. L'un rappelle le mariage d'Aménophis III avec *Taïa*, fille d'*Ioua*
et de *Taoua;* il constate que les frontières de l'empire
égyptien s'étendaient alors jusqu'en Mésopotamie. Un
autre scarabée a été gravé pour constater le compte des
chasses du même roi, qui avait tué de sa main douze lions
jusqu'à l'an dix de son règne.

[Deux vases en bronze qui sont retournés pour en faire
voir les inscriptions, ont appartenu à un fonctionnaire de
l'ancien empire nommé *Ouna.* Une palette de scribe
porte le nom de *Kaskenen-Taouaa* (dix-septième dynastie).]

VITRINE O.

Tous les scarabées de cette vitrine portent des noms
royaux; quelques-uns ne sont pas encore identifiés; mais
plus de la moitié appartiennent à Toutmès III, qui fournit
à lui seul plus de scarabées que tous les autres rois ensemble. Sa légende fut reproduite sur les scarabées jusqu'à des époques très-récentes, soit par vénération pour
la personne de ce roi, soit à cause du sens mystique qu'elle
présentait.

VITRINE P.

(Dix-huitième et dix-neuvième dynasties.)

Elle contient encore quelques objets d'un intérêt historique. Trois petites stèles de bois rappellent les exploits
d'Aménophis Ier. Ce roi y est figuré terrassant ses ennemis
ou les saisissant par les cheveux pour leur trancher la tête.
Plusieurs fragments de vases portent des noms de rois.
Deux plaques carrées, en terre émaillée, sont ornées de
la légende de la régente *Hatasou* ou *Hatschepou,* fille de

Toutmès Ier. Deux cailloux portent des inscriptions datées de la vingtième dynastie.

Une inscription, très-finement gravée sur un grès ros°, formait le dos d'un petit groupe. Elle rappelle la mémoire de la reine Isinofre, première épouse de Ramsès II, qui figurait dans le groupe avec ses fils, les princes *Ramsès* et *Kha-em-uas*.

[De petits modèles de traîneaux et de l'outil à lame de bronze appelé *sotep* portent le nom de la reine Hatasou.

VITRINE Q.

(Dix-neuvième et vingtième dynasties.)

Des figurines en bois et en terre émaillée d'un beau bleu sont aux noms de Séti Ier et du prince *Kha-em-uas*, fils de Ramsès II.

Sur un encrier ayant appartenu à un fonctionnaire du grand Ramsès, nommé Psar, est une légende qui ordonne à tout scribe de dire une prière avant de faire usage de ce godet. Une palette porte un cartouche royal qui se lit *Ra-men-ma-sotep-ra*.

VITRINE R.

(Vingt et unième à vingt-sixième dynastie.)

On y remarque un joli sphinx en bronze incrusté d'or, portant les noms d'un roi identifié par M. Mariette avec le *Smendès* que Manéthon place en tête de la vingt et unième dynastie; des amulettes au nom d'Apriès; des cônes funéraires en terre cuite au nom de Tahraka, et un fragment d'amulette en forme de contre-poids de collier Ménat, sur laquelle était inscrit le nom de Nekao

VITRINE S.

On y voit, entre autres objets appartenant aux dernières
dynasties, un plateau en terre cuite portant une inscription de l'an IV de Psammétik; une ferrure en équerre au
nom de Darius; des fragments de statuettes avec légendes
et des coiffures royales en bronze.]

———

SALLE CIVILE.

Cette salle est consacrée aux monuments de la vie privée des Égyptiens. La cheminée est occupée par quatre vases d'albâtre. Au milieu, une tête de statue en pierre calcaire, peinte en rouge, attire les regards et saisit par le profond caractère de vérité qui est empreint sur les traits un peu vulgaires de l'Égyptien qu'elle représente. La parfaite simplicité de ce morceau nous engage à l'attribuer au premier art égyptien, aux artistes antérieurs aux pasteurs.

Nous n'en sommes pas réduit à des conjectures pour la figure du scribe accroupi, placée au milieu de la salle; elle a été trouvée dans le tombeau de *Skhem-ka* avec les figures réunies sur le palier de l'escalier. Elle appartient donc à la cinquième ou à la sixième dynastie. La figure est pour ainsi dire parlante; ce regard qui étonne a été obtenu par une combinaison très-habile. Dans un morceau de quartz blanc opaque est incrustée une prunelle de cristal de roche bien transparent, au centre de laquelle est planté un petit bouton métallique. Tout l'œil est enchâssé dans une feuille de bronze qui remplace les paupières et les cils. Les sables avaient très-heureusement conservé la couleur de toutes les figures de ce tombeau. Le mouvement des genoux et le dessin des reins sont surtout remarquables par leur justesse; tous les traits de la figure sont fortement empreints d'individualité; il est visible que cette statuette était un portrait.

ARMOIRE A.

Le bas de cette armoire renferme des fragments de meubles. Les motifs généralement adoptés pour les pieds de lits, tables et fauteuils, étaient les pieds de lions, de taureaux ou de gazelles. Les têtes d'oies du Nil, de gazelles ou de bouquetins décoraient les bras des fauteuils ou des pliants. On a trouvé des fragments de meubles qui ont dû être extrêmement riches ; un bâton orné alternativement de cylindres en faïence bleue et en bois doré est également un fragment de meuble. Le meuble le plus curieux du musée est le fauteuil orné d'incrustations en ivoire que sa grandeur a obligé de placer hors rang, avec les boîtes de momies, dans la salle funéraire. Il avait un fond tressé, dont on possède encore les débris. Dans le bas de l'armoire, on voit les tabourets et les pliants, ainsi qu'une natte de jonc servant de lit. Un petit modèle de lit fort simple ne donne pas une idée des lits bien plus riches que l'on voit souvent figurés dans les peintures. Sur la tablette se trouve un modèle d'édifice qui semble un grenier.

Dans le corps de l'armoire sont des statuettes de diverses époques. Le groupe en bois placé au milieu a beaucoup souffert, il est du plus beau style de la dix-huitième dynastie. La figurine du scribe accroupi, en basalte vert, est d'un style plus récent; l'inscription le nomme *Aï*, fils d'*Hapi*.

Une charmante figurine en bois représente une femme vêtue de la longue robe collante ; elle est placée sur son socle antique, et l'inscription nous apprend qu'elle se nommait *Naï*.

Sur la seconde tablette se trouve une figure très-curieuse qui paraît être en bois de cèdre ; c'est la statuette d'un homme qui porte dans la main gauche un panier. Son socle est antique, les inscriptions ainsi que le style de la figure montrent que c'est un produit de l'art du premier empire égyptien. Les yeux sont en émail et inscrustés avec beaucoup de soin ; la tête est rase, mais elle a pu être complétée par une perruque.

La tablette supérieure contient des statuettes en pierre, et un moule en pierre calcaire; la figure qu'il servait à mouler était celle d'une pleureuse funéraire.

ARMOIRE B.

Le bas de cette armoire contient des vases de terre jaunes et rouges. Il en est d'une solidité et d'une légèreté remarquables, surtout dans les terres jaunâtres.

Sur la tablette sont des étoffes et des vêtements trouvés dans les tombeaux. Une sorte de tunique teinte en pourpre et une autre teinte en jaune sont des échantillons très-rares des belles teintures antiques. D'autres beaux fragments sont de nuance rouge ou orange ; toutes ces couleurs sont teintes sur laine. Les galons et les broderies présentent des rapprochements curieux avec ceux qui sont encore en usage en Orient. Les étoffes transparentes, sorte de mousseline grossière, servaient aux premiers vêtements des hommes et des femmes, comme nous l'enseignent les peintures. Le lin est sans exception la matière de ces étoffes, ainsi que celle des belles toiles de momies. On n'a retrouvé, en Égypte, aucun tissu de coton.

Dans le corps de l'armoire, le premier compartiment est rempli de vases et ustensiles de bronze.

Un vase de bronze montre sur sa panse, dans un petit bas-relief, un psylle qui enchante un serpent. Parmi les ustensiles, on remarquera une lampe qui a la forme d'une gazelle renversée sur le dos.

Dans les compartiments suivants, sont disposés les vases

de verre et les vases de terre cuite de diverses sortes. Parmi les faïences vertes et bleues, la palme appartient à un fragment de rhython, en pâte bleue, qui rappelle le style assyrien. Un lion, la gueule béante, tient entre ses pattes de devant un petit quadrupède dont la tête est brisée. Les yeux sont en pâte de verre avec une feuille de métal; des petits trous dans les gencives montrent qu'on y avait aussi rapporté des dents d'une autre matière. Les faïences, couvertes d'émail bleu, présentent des nuances vives et variées; deux longues fioles sont d'une pâte particulièrement fine. L'une, gros bleu, est cassée, et le vernis s'est soulevé; l'autre, vert céladon, s'est admirablement conservée.

Les bouteilles, en forme de gourdes plates, sont analogues aux eulogies chrétiennes; leur goulot est formé d'une fleur de lotus, et leurs petites anses de deux singes cynocéphales. C'était peut-être des cadeaux du nouvel an, car les inscriptions portent toutes un souhait de bonne année.

Parmi les objets en verre, il faut revendiquer pour l'Égypte la première fabrication des verres ornés d'ondulations de diverses couleurs, quoiqu'on en trouve de semblables dans les tombeaux grecs et romains. En effet, on remarque dans les peintures de l'ancien empire une foule de modèles de ces jolis vases avec les couleurs les plus variées.

ARMOIRE C.

Le bas est occupé par divers vases de terre cuite. Sur la tablette, d'autres échantillons d'étoffes, tels qu'une sorte de brassière, des étoffes brodées, des peluches, des étoffes légères et des échantillons de toiles de momie, dont quelques-unes sont de la plus belle fabrication.

Dans le corps de l'armoire est une riche collection de

plateaux, de coupes et d'autres vases en albâtre, qui
présentent la plus grande variété de formes élégantes.
Les vases en pierre dure sont diposés au milieu; on y
trouve des échantillons de porphyre violet, vert, noir et
blanc, de feldspath vert, de lapis-lazuli, de granit rose et
d'autres roches égyptiennes. Les matières les plus dures
ont été évidées jusqu'à donner à ces vases une extrême
légèreté.

ARMOIRE D.

Le bas contient des objets en sparterie de toutes
sortes.

L'art du vannier était exercé avec une grande habileté
chez les Égyptiens. Divers joncs, des fibres de papyrus
et des feuilles de palmiers forment les matériaux de ces
ouvrages.

Une boîte destinée à renfermer des vases de toilette
peut donner une idée de l'habileté de leurs ébénistes.

De petits coffrets analogues sont dans le corps de l'armoire, qui est, en général, consacrée aux objets de toilette. Les Égyptiens faisaient un grand usage de bois précieux; ils avaient soin d'en imposer une certaine quantité
comme redevance aux peuples tributaires. L'Éthiopie leur
fournissait l'ébène et l'ivoire, et les princes d'Assyrie
envoyaient des bois rares et des meubles élégants parmi
leurs tributs.

Sur la première tablette on voit d'abord les peignes
égyptiens ; mais les plus beaux de ces peignes ont dû être
classés dans la galerie assyrienne, car nous avons constaté,
par le style et les sujets habituels de leurs ornements, que
ces peignes, quoique trouvés dans les tombeaux d'Égypte,
provenaient d'Assyrie. La mode, déjà souveraine dans ces
temps reculés, les avait imposés aux dames égyptiennes.

Le peigne, orné d'un bouquetin qui met un genou en terre, représente un sujet familier aux Égyptiens.

Les petits pots et étuis de diverses formes, en bois ou en terre émaillée, servaient à mettre les ingrédients nécessaires à la toilette égyptienne. Le principal était le noir d'antimoine, destiné aux yeux; les aiguilles de bois, de pierre ou d'ivoire, terminées en massue, avaient la forme convenable pour ne pas blesser les paupières dans cette délicate opération. Les petits pots ont tantôt la forme d'une colonne, tantôt celle d'un nœud de roseau qu'on imitait en terre émaillée. Le dieu monstrueux nommé *Bès*, qui, à ce qu'il paraît, présidait, malgré sa laideur, à la toilette des dames, forme aussi très-habituellement le principal motif de la décoration de ces petits ustensiles. Un charmant petit vase en terre émaillée verte est orné de lions qui alternent avec le dieu *Bès*, lequel est représenté dansant.

Le nom des ingrédients que devaient contenir les petits vases y est quelquefois écrit. — Sur une petite boîte à quatre compartiments, outre le stibium, on trouve les indications suivantes: *pour arrêter le sang, pour ôter la douleur.*

Les perruques et les fausses tresses étaient très-usitées dans ce pays, où la chaleur engage naturellement à se raser la tête. On voit ici un échantillon de ces tresses : notre musée ne possède pas de perruques entières; mais une tête de momie a conservé une superbe chevelure divisée en plusieurs tresses fines et nombreuses.

Sur les tablettes supérieures sont des chaussures égyptiennes. Il y avait des brodequins et des sandales en peau très-forte pour les hommes, et des brodequins très-légers en maroquin blanc destinés à un pied féminin. Les sandales offrent la même variété; plusieurs paires fraîches et élégantes sont tressées avec du papyrus mélangé avec des matériaux de diverses couleurs. Les unes sont toutes plates, d'autre ont un petit rebord, qui ne cachait pas les doigts du pied. Une paire de pantoufles en maroquin rouge est décorée de dorures: une découpure d'un joli dessin s'étendait sur le dessus du pied.

On voit aussi des chaussures d'enfant; ce sont des brodequins ou de légères sandales.

ARMOIRE E.

Le corps de cette armoire est occupé par une collection des fruits et des grains trouvés dans les tombeaux. Le fruit du baobab provenait sans doute des hautes régions du Nil, car cet arbre n'est pas figuré dans les peintures égyptiennes, et il est difficile de croire qu'il ait existé en Égypte. On a mis dans le bas de ce compartiment des hoyaux égyptiens, habituellement en bois d'ébène jaune; le bois suffisait ordinairement pour cultiver le léger limon du Nil. Les peintures sur enduit, enlevées d'un tombeau de Thèbes, représentent des scènes agricoles. Dans le bas, on voit le labour exécuté par une charrue tirée par quatre esclaves (plus habituellement on voit un attelage de bœufs). D'autres hommes fouillent la terre avec le hoyau.

Au-dessus, on a peint la moisson et une femme qui apporte des vivres aux ouvriers.

Le registre supérieur montre les bœufs qui foulent les grains : des hommes apportent les gerbes dans de grands filets suspendus à des perches.

Dans le second tableau, on charge un grand bateau avec les grains pour les conduire aux greniers.

Le tableau supérieur représente une suite de serviteurs qui apportent au maître le produit de ses champs.

VITRINE F.

Manche de divers sceptres ou instruments en os et en ivoire.

Griffes d'un lion trouvées dans un tombeau.

Les mains et les bras appareillés, de bois ou d'ivoire, semblent destinés, comme les castagnettes, à marquer la mesure en accompagnant le chant. Une grande paire, en ivoire, est ornée de la tête de la déesse Hathor. Un autre fragment plat, en ivoire, est orné de diverses figures gravées dans un style qui ne paraît pas purement égyptien.

VITRINE G.

Emblèmes et attributs portatifs en bois. Le premier, terminé d'un côté par une main, et à l'autre bout par une tête d'épervier, a la forme des porte-encens. Le bâton recourbé à la forme simple du sceptre royal.

Un chevet, en bois incrusté d'ivoire, est composé de deux parties qui se réunissent à volonté. C'est une disposition très-ingénieuse et destinée probablement aux voyages.

ARMOIRE H.

Dans le bas, divers instruments, tels que le bâton pour porter sur l'épaule deux seaux ou d'autres fardeaux, et des bâtons à coches qui semblent un instrument de tissage. On y voit aussi un petit matelas d'enfant rembourré avec un duvet semblable à celui du chardon.

Sur la tablette, collection de flèches de chasse ; les bouts sont armés de pierres tranchantes.

Cannes et bâtons : quelques-uns portent des inscriptions intéressantes, telles que : *bon bâton pour soutenir la vieillesse,* avec le nom du propriétaire.

Dans le corps de l'armoire sont les instruments de musique. Ce sont des cornes, des cymbales et une trompette en bronze; un tambour et un petit tambour de basque; des luths et des harpes; l'une d'elles a conservé sa couverture en beau maroquin vert. On sait, par les peintures des tombeaux, que ces harpes étaient en usage dès l'époque de Moïse. L'étui à flûtes est un objet extrêmement rare; il est garni de deux flûtes en roseau; sa peinture montre la musicienne jouant des deux flûtes à la fois.

Une grande toile à franges tapisse le fond de l'armoire; les arcs y sont suspendus, ainsi qu'une béquille, une massue et une sorte de bâton courbé en bois pesant. Les Égyptiens chassaient au vol avec ce bâton; ils étaient assez adroits pour atteindre, avec ce projectile, les oiseaux d'eau à long cou qui s'envolaient devant eux. Ils ont souvent peint cette chasse qui paraît avoir été un de leurs divertissements favoris. Un projectile semblable, connu sous le nom de *boumérang*, est encore en usage parmi certaines peuplades de l'Océanie.

VITRINE I.

Fragment de meuble incrusté d'émaux de diverses couleurs sur un fond de bois doré. Instruments divers. Rames d'une barque sacrée. Coudée égyptienne antique; elle a presque exactement cinq cent vingt-cinq millimètres. Chaque partie de la coudée a son nom et sa divinité protectrice. Les petits bâtons cylindriques sont des divisions exactes de la coudée; ils portent en général le nom de leur propriétaire. Bâton pour la chasse au vol, forme aplatie.

VITRINE J.

Échantillons d'étoffes. Fils de chanvre, de lin et de laine.

Résille tricotée en laine pourpre, en forme de la coiffure nommée *klaft*.

Fragment de galons et échantillons de tissus de toute sorte.

Aiguilles de bronze, fuseaux en faïence verte.

ARMOIRE K.

Dans le bas de l'armoire, des modèles de barque, des cordes, etc.

Sur la tablette, un morceau de bronze très-pesant était destiné à un hoyau dont l'emploi exigeait un bras puissant.

Dans le corps de l'armoire, le milieu de la première tablette est occupé par une boîte à jeu. Le dessus et les côtés sont décorés d'inscriptions ; sur le petit côté, on voit le propriétaire de la boîte nommé *Amen-mes*, qui dirige des pièces. Sur la tablette, au revers, les cases sont disposées de même, et quelques-unes ont leur nom écrit en hiéroglyphes. Ces noms semblent indiquer que le jeu aurait eu un sens astronomique. Parmi les statuettes et figures de cette armoire, on peut remarquer particulièrement une figurine en ivoire du plus ancien style ; elle représente un enfant nu. Un beau masque de femme en granit rose ; il appartient à l'école des Saïtes, suivant toute apparence, ainsi qu'une tête en basalte vert, qui est certainement un portrait. La figurine de femme nue, en bois, présente une exception assez peu commune : les femmes sont toujours vêtues d'une longue robe collante, qui laisse voir leurs formes. Une autre figurine de jeune fille nue, tenant sur son bras gauche un chat et se peignant de la main droite, était un manche de miroir. Le groupe du milieu appartient au style de la dix-huitième dynastie ; il représente *Amenemap* et sa femme *Ta-merou*.

Sur la seconde tablette, trois figures de bois finement sculptées dans le style de la dix-huitième dynastie.

Sur la troisième tablette, deux jolis chapiteaux en pierre peuvent donner une légère idée des motifs si variés que les architectes égyptiens ont su employer à décorer le sommet de leurs colonnes.

VITRINE L.

Ce compartiment rassemble les échantillons des diverses variétés des faïences et des émaux et verres égyptiens. Cette industrie était extrêmement variée dans ses produits, les boules creuses et les boîtes en faïence bleue sont de véritables tours de force du métier. On remarquera à la tête d'une série de pions de jeu, deux petits esclaves à genoux, les mains liées derrière le dos, dont l'un présente le type des nègres, et l'autre la physionomie asiatique. Ces pions faisaient peut-être partie de quelque jeu de combat. Les échantillons de verre coloré dans la masse montrent un travail très-avancé dans cette partie de l'art. On savait dessiner, dans l'épaisseur, des fleurs et autres objets à l'aide de filets d'émail. Une série de têtes grotesques en verre jaune et bleu appartient à une autre fabrication. Les portions de corps humain en pâte de verre de diverses couleurs ont été taillées pour servir à composer des bas-reliefs polychromes. Le fond de la vitrine rassemble une collection de pendants d'oreilles et d'anneaux brisés, en toutes sortes de matières, où se distingue encore particulièrement le beau quartz rouge opaque et ses imitations en pâte de verre.

VITRINES M et N.

Petits objets en bois sculpté. Ce sont presque tous des objets de toilette. Les aiguilles de tête sont souvent ornées d'un singe assis. Le petit prisonnier nègre, les mains passées dans des menottes, paraît avoir été un ornement. Les boîtes de toilette présentent les formes les plus variées. Le plus joli motif se compose d'une jeune femme nue, allongée comme en nageant, et tenant dans ses mains une oie du Nil. Le corps de l'oiseau forme la boîte, qui se ferme par ses deux ailes. Le plus bel échantillon de ce genre de boîtes provient du cabinet de Clot-Bey. Une autre boîte se forme d'une gazelle qui a les pieds liés.

Les cuillers de toilette étaient destinées à délayer un ingrédient dans un peu d'eau. Leurs manches sont très-variés : tantôt c'est un eunuque portant une cruche, tantôt c'est un jeune fille qui joue du luth au milieu des lotus où les oiseaux se reposent. Un esclave amène un veau ; une jeune Égyptienne coupe des lotus, une autre porte de gros bouquets et des oiseaux d'eau ; ou bien encore c'est un chien allongé qui tient une coquille dans sa gueule.

La collection du Louvre est extrêmement riche dans cette division, surtout depuis l'acquisition du cabinet de Clot-Bey. Notre industrie pourrait ici trouver quelques modèles à imiter.

VITRINE O.

Elle contient les petits objets en os et en ivoire. Ce sont des pions, des seaux travaillés dans une dent, et puis encore des objets de toilette. Une boîte ornée d'une belle tête de gazelle est tout en ivoire, sauf les cornes. Les cuillers de toilette se retrouvent ici avec diverses variétés. Toute une série de ces cuillers, de forme carrée, a le manche formé par une femme nue : elle diffère assez notablement du pur style égyptien. Ces objets peuvent venir de la Syrie. Sur quelques-uns on remarque la rosace, ornement assyrien. D'autres objets d'ivoire trouvés dans les tombeaux d'Égypte, mais portant tous l'empreinte du pur style

assyrien, ont dû quitter les galeries égyptiennes pour être
classés avec leurs analogues dans le musée Assyrien.
C'étaient principalement des manches de poignards et de
couteaux en ivoire que l'on importait ainsi en Égypte dans
les temps antiques

VITRINE P.

Une grande partie des objets d'or appartenant aux galeries égyptiennes a disparu en juillet 1830 ; mais il en reste
encore suffisamment pour se faire quelque idée des bijoux
usuels des Égyptiens. Les chaînes d'or, travaillées en lacet,
sont aussi souples que celles que peuvent faire nos meil-
leurs ouvriers d'Europe. Les colliers étaient souvent à
plusieurs rangs ; ils étaient composés d'objets symboliques,
comme les poissons sacrés, les lézards, l'œil d'Osiris, les
fleurs de lotus. Les fermoirs sont fermés d'un petit verrou
qui tient très-solidement. La tête d'épervier servait souvent à décorer les extrémités des colliers, destinées à être
attachées sur les épaules. Un charmant motif de chaîne,
pour de petites pendeloques, se compose d'une série de
vipères sacrées qui relèvent la tête : la pendeloque se termine par une tête de la déesse *Hathor*.

Une sorte de travail à grains, qui s'est perpétué longtemps en Asie, apparaît dans quelques objets et surtout
dans une pendeloque d'or, qui représente un épervier, les
ailes étendues. Deux petits cylindres en or, ornés de légendes gravées sont des phylactères destinés à porter un
texte sacré écrit sur papyrus, comme amulette.

Les objets d'argent sont rares : une petite égide de ce
métal, à tête de lionne couronnée, est d'un beau travail. On
peut aussi citer un collier composé d'yeux symboliques en
argent, avec des grains du même métal, entremêlés d'objets
en terre émaillée. Le petit épervier à tête humaine, repré-

sentant une âme, qui est au milieu de la vitrine, peut être
cité comme un exemple de l'émail cloisonné à base d'or.
Un autre épervier aux ailes étendues présente également
de petits émaux vitrifiés dans leurs cloisons d'or.

Une boucle d'oreille d'or est décorée d'une petite tête de
gazelle très-bien modelée ; deux autres représentent l'égide
de Sekhet.

Les pierres dures étaient taillées avec une grande habileté ; des colliers entiers sont composés de pendeloques
d'un quartz rouge opaque qui imite le corail et ne lui cède
en rien pour l'éclat de la couleur. Une collection de pendeloques, en forme d'égides, ornées de la tête de la déesse
Maut, en cornalines blanches et rouges, provient des
fouilles du Sérapéum, ainsi que le petit Horus coiffé d'un
grand diadème divin, taillé dans une superbe sardoine.
Des pendeloques et des grains de collier de toutes matières montrent quelle variété de ressources possédaient
les bijoutiers égyptiens.

VITRINE Q.

Les principales pièces de cette vitrine sont les bracelets
en or, incrustés d'émaux. Ici, néanmoins, ce ne sont pas,
à proprement parler, des émaux, ce sont des pâtes de verre
taillées à l'avance et ajustées dans des cloisons d'or comme
des pierres fines. Parmi les débris d'émail qui subsistent,
plusieurs imitent le lapis à s'y méprendre. Le dessin de
ces beaux bracelets consiste en un lion et un griffon
entre des bouquets de lotus. Le style est celui de la dix-
huitième dynastie, autant qu'on en peut juger sur de
simples ornements. Deux autres bracelets se composent de
grains de lapis et de grains d'or, montés sur des fils d'or
très-flexibles Dans un troisième bracelet semblable, le
quartz rouge s'ajoute à ces deux matières. La série des

colliers en verre et en terre émaillée commence ici et se continue dans la vitrine suivante. [Au fond, petites figurines en or des dieux Ra, Schou, Toth, Bes, et une belle statuette d'Horus en argent.]

VITRINE R.

Grands colliers de terre émaillée et de verroterie. Ils présentent une variété inconcevable de formes et de couleurs on y suspendait aussi des amulettes de toute nature, et souvent des rangs entiers de scarabées ornés de légendes. Les colliers, formés d'une infinité de petits disques de terre émaillée bleue, sont une imitation des colliers composés d'un petit disque naturel qui provient d'un mollusque du pays. Ces colliers sont encore en usage dans les régions du haut Nil.

VITRINE S.

BAGUES ET SCEAUX.

Les grands sceaux de bronze, de faïence et même de bois auraient été, suivant l'opinion de Champollion, destinés à marquer les victimes approuvées pour l'autel. Les bagues à chaton gravé, ou portant un scarabée de pierre dure gravé au revers, ont servi de cachet comme chez nous : on trouve des empreintes de ces cachets en terre sigillaire. Les gravures portent toutes sortes de légendes, mais plus ordinairement des sujets religieux. La bague d'or la plus finement gravée, qui est placée au milieu, représente une dame nommée *Isinowre* devant le dieu Osiris. Les bagues en terre émaillée prouvent de nouveau l'habileté des ouvriers dans cette partie de l'art. Elles devaient être bien fragiles, si toutefois on les portait réellement : on en trouve plusieurs de cette espèce qui sont décorées du buste de la déesse Isis, sortant tout à fait de la direction de l'anneau et se relevant suivant une tangente, ce qui produit une bague d'un aspect singulier et gracieux. La monture ordinaire des scarabées se composait d'un fil d'or qui s'amincissait aux extrémités et s'enroulait de chaque côté sur l'anneau. Ce modèle très-simple est en même temps très commode pour monter un chaton tournant destiné à servir de cachet.

Cette vitrine contient aussi quelques pendants d'oreilles. Les plus rares sont en argent avec pendeloques.

VITRINE T.

Elle se trouve dans la salle suivante et commence la série des instruments en bronze On y remarque les poignards et un petit modèle de la *khopesch*, sorte de cimeterre royal. Parmi les petits objets, le canif a conservé son tranchant ainsi que la petite hachette qui coupe comme de l'acier. Le rasoir est très curieux par son galbe, qui, sauf la longueur, est exactement celui des rasoirs anglais. C'est un des exemples les plus curieux de la persistance de certains types dans les fabrications. Son tranchant est également bien conservé ; cette sorte de bronze paraît avoir été peu sujette à l'oxydation.

VITRINE U.

(Cette vitrine est dans la Salle Funéraire.)

BOUTS DE FLÈCHE EN BRONZE ET MIROIRS.

L'ornementation des manches de ces miroirs se rapporte ordinairement aux deux types suivants: l un se compose d'une jeune fille nue ; elle se coiffe de la main droite, son bras gauche soutient un chat qui semble ici un emblème de la toilette. Le type des autres manches est le dieu monstrueux *Bes*, que nous avons déjà trouvé plusieurs fois en rapport avec la toilette.

VITRINE V.

(Cette vitrine a été, faute d'espace, placée dans la dernière salle de la galerie égyptienne.)

Ustensiles de bronze de toutes sortes, chaîne terminée par un cœur, poignards, épingles, sorte de croissant en bronze, qui servait de hache de bataille. Les hachettes en fer sont des objets de la plus grande rareté, ainsi que toute espèce d'instruments en fer; on sait pourtant que les Égyptiens ont connu l'usage de ce métal depuis la plus haute antiquité, car on en a trouvé des fragments dans la bâtisse des pyramides. Mais indépendamment de la rareté du fer, dans les temps primitifs, l'oxydation a dû anéantir la plupart des objets laissés dans le sol égyptien, presque partout imprégné de nitre. Ces hachettes sont de la forme du signe qui, dans les hiéroglyphes, sert à écrire le mot *nouter*, signifiant *dieu*.

VITRINE X.

(Elle est dans la salle funéraire.)

Les palettes d'écrivain occupent ce compartiment. Ces petits meubles sont ordinairement en bois dur; un trou de forme carrée servait à insérer les calames ou roseaux taillés pour l'écriture. Plusieurs trous ronds contenaient des pains d'encre rouge et noire que l'écrivain délayait avec un peu d'eau contenue dans un petit vase rond qui complétait son bagage. Les palettes sont souvent ornées d'inscriptions très-finement gravées, ce sont des prières adressées à divers dieux par le possesseur de la palette. Une palette d'une forme singulière est surmontée de la tête de chacal, emblème des hiérogrammates.

VITRINE Z.

Les palettes de cette vitrine sont en pierres de diverses sortes. La plupart paraissent être des imitations de la palette ordinaire, consacrées comme monuments funéraires. De petits vases de diverses formes ont servi d'encriers : il faut remarquer les petits vases en forme de hérissons qui étaient consacrés à cet usage. La grenouille en terre émaillée, incrustée de pâtes de verre, paraît aussi avoir été une écritoire.

Outre les encres rouge et noire, les enluminures des vignettes exigeaient d'autres couleurs dont on voit ici des échantillons, ainsi qu'une pierre de porphyre encore imprégnée du bleu qu'elle a servi à broyer. La beauté de ce bleu égyptien a été depuis longtemps remarquée.

On trouve souvent dans les manuscrits égyptiens des vignettes où plusieurs parties sont dorées par l'application d'une feuille d'or battue, pareille à celle que contient le livret du doreur ici exposé : elles ne diffèrent des nôtres que parce qu'elles sont plus épaisses. Cet or a très-bien tenu sur les manuscrits où il a été appliqué. Pour la dorure sur bois et même sur bronze, les Égyptiens ont employé habituellement un enduit préalable ; ils ne paraissent pas avoir doré directement les métaux, si ce n'est pour certaines damasquinures; dans ce cas, l'or se trouve incrusté dans les gravures.

Les tablettes enduites de cire sont de l'époque grecque ou romaine.

SALLE FUNÉRAIRE.

Une grande doctrine domine tout le système funéraire des anciens Égyptiens, et présida, depuis les temps les plus reculés, à tous les rites qui accompagnaient l'embaumement et la sépulture, ainsi qu'à tous les emblèmes qui couvrent les cercueils et les sculptures des tombeaux ; c'est l'immortalité de l'âme. Cette immortalité était spécialement promise aux âmes qui auraient été reconnues vertueuses par Osiris, juge des enfers. Elles devaient rejoindre leur corps et l'animer d'une nouvelle vie que la mort ne pourrait plus atteindre ; quant aux âmes condamnées, elles devaient subir le supplice de la seconde mort. L'ensemble de cette doctrine, vraiment nationale en Égypte, ressort clairement de ce que nous pouvons déjà comprendre dans les textes du Rituel funéraire. Ce livre sacré, dont chaque momie devait porter un exemplaire plus ou moins complet, contient une série d'hymnes, de prières et d'instructions, dont une partie est spécialement destinée aux diverses cérémonies des funérailles. On y trouve aussi les doctrines dont la connaissance était regardée comme nécessaire à l'âme humaine pour jouir de tous les biens attachés à la proclamation de sa vertu. Le chapitre II est consacré à la vie qui commence après la mort, et le chapitre XLIV énonce formellement que cette nouvelle vie ne sera plus sujette à la mort.

Tel est donc le principe général qui a régi tous les rites funéraires des anciens Égyptiens, et, sans nier les raisons sanitaires que le climat justifie si bien, cette croyance a certainement exercé la plus grande influence sur la coutume d'embaumer les corps pour les conserver autant que possible dans leur intégrité; car, suivant la promesse formelle du Rituel (chapitre LXXXIX), l'âme devait un jour se réunir à son corps.

Les personnes qui ne seront pas effrayées par l'étrangeté et la fatigue de quelques détails, et qui désireraient prendre une connaissance succincte de ces doctrines funéraires, devront porter d'abord leur attention sur les papyrus qui ornent le fond de cette salle, et suivre l'explication sommaire que nous allons leur présenter. Ils appartiennent presque tous à la classe des Rituels funéraires ; nous nous arrêterons surtout à quelques scènes représentées dans des vignettes peintes et que les textes expliquent plus clairement.

A droite de la cheminée, un grand Rituel, du style de la dix-huitième dynastie, occupe les deux bandes inférieures du cadre. Ce beau manuscrit est une véritable édition de luxe ; il avait été préparé d'avance dans quelque librairie, et on avait laissé en blanc le nom du défunt, à chaque endroit où il devait être écrit. Ces blancs étaient remplis quand le manuscrit avait été acheté ; mais il arrive quelquefois, comme ici, qu'on s'est dispensé de cette formalité, et que le nom du défunt est resté en blanc. Dans d'autres manuscrits, volés sans doute à quelque tombeau, on a effacé par endroit le premier nom et on a attribué le Rituel à un nouvel acheteur, en écrivant son nom en surcharge. Les vignettes de ce manuscrit, en commençant en bas et par la gauche, nous montrent d'abord le défunt accompagné de sa sœur, qui vient rendre hommage à Osiris.

Les légendes sacrées racontaient que ce dieu, étant mort sous les coups de son frère *Set* ou Typhon, avait été ressuscité par les soins d'Isis. Osiris était devenu le type de tout Égyptien qui avait payé son tribut à la mort, et cette assimilation était la garantie de son immortalité finale. L'embaumement le plus complet durait soixante-dix jours, pour se conformer aux rites suivis par Horus dans l'embaumement de son père Osiris. Le corps ainsi conservé, l'âme du défunt, que l'on nommait régulièrement l'*Osiris un tel*, subissait des épreuves et parcourait les sphères célestes de la région des âmes, à la suite de l'âme d'Osiris qui, sous le nom de *Sahou*, était censée résider dans une constellation qui répond aux étoiles d'Orion. Les parties du Rituel qui énumèrent les principaux actes de ce pèlerinage de l'âme ne sont pas écrites dans un ordre constant, surtout dans les Rituels anciens. Mais il semble qu'il y ait eu, vers le temps des rois saïtes, une sorte de révision ou de rédaction plus officielle du Rituel; car, aux dernières époques, on a tracé les manuscrits funéraires dans un ordre à peu près constant, qui doit être pris en considération, parce qu'il indique certainement l'ordre dans lequel les prêtres comprenaient les diverses idées auxquelles se rapportent les chapitres successifs de ce livre.

Osiris, dans la première scène de notre manuscrit, est peint de couleur verte, et il porte le diadème blanc, symbole de la royauté de la haute Égypte; il tient en main les sceptres royaux et divins.

La seconde vignette fait voir le défunt qui vogue derrière Anubis, dans la barque du soleil. Les vignettes suivantes montrent diverses formes ou types que l'âme était censée revêtir successivement dans les cieux infernaux. C'est d'abord une sorte de héron consacré à Osiris, puis l'épervier d'or, l'hirondelle, l'épervier divin, etc. Cette

doctrine présente quelque analogie avec la métempsycose
des Indous; mais, pour l'Égyptien, ces transformations
ne devaient pas s'accomplir sur la terre; l'âme, ou la
larve du défunt proclamé juste, y était seule intéressée, et
le pouvoir d'exécuter les transformations qui pourraient
lui plaire était un de ses priviléges.

Dans la bande supérieure on voit d'abord les quinze
portes des champs Élysées des Égyptiens : on les plaçait
dans une contrée céleste, nommée Aaenrou. C'était dans
la même région que les mânes devaient se livrer aux travaux agricoles pendant une certaine période de temps.

Après ces tableaux on trouve le chapitre curieux de la
confession de l'âme. Les quarante-deux juges sont figurés
dans les colonnes du papyrus : à chacun d'eux s'adresse
une invocation du défunt qui se justifie à chaque fois de
quelque péché contre la morale ou la religion du pays. On
peut y constater que les bases de la morale ont toujours
été les mêmes chez les nations civilisées.

Le meurtre, le vol et l'adultère y figurent, ainsi que la
profanation des choses saintes, parmi les crimes en hor-
reur chez tous les peuples; mais on est plus étonné d'y
rencontrer des défenses telles que celle *des paroles trop
nombreuses* ou celle *de faire pleurer son prochain.* La civilisation spéciale de la vallée du Nil a déjà empreint sa
trace sur ce code sacré, en y ordonnant *le respect des droits
acquis sur les cours d'eau.*

La scène qui suit représente le pèsement de l'âme et
son jugement. Dans les plateaux de la balance on voit,
d'un côté, le vase, symbole du cœur du défunt, et de
l'autre la plume d'autruche, symbole de la justice; le cynocéphale assis, qui repose au milieu de la salle, est l'emblème du dieu Thot, qui doit lire la sentence; le dieu est
figuré ici sous cette forme, parce que le cynocéphale assis
était le symbole du parfait équilibre. Les deux déesses de-

bout, tenant des serpents en main, représentent la double justice, celle qui punit et celle qui récompense.

Cette scène est suivie de la vignette du bassin de feu, gardé par quatre cynocéphales : c'étaient les génies chargés d'effacer la souillure des iniquités qui auraient pu échapper à l'âme juste et de compléter sa purification. La vignette suivante montre le soleil représenté par un disque rouge sur une tête d'épervier ; sa barque vogue sur les eaux célestes, et l'âme justifiée, dégagée de ses souillures, vient se joindre à la course de l'astre lumineux.

Les dernières vignettes contiennent la figure de diverses demeures qui occupaient le espaces célestes que l'âme lumineuse va maintenant traverser.

Le papyrus placé au-dessus de celui-ci est un Rituel de même nature que le précédent ; par une exception très-rare, il est écrit à l'encre blanche (1). Les vignettes sont extrêmement nombreuses. Nous en indiquerons quelques-unes qui ne figurent pas dans celui que nous avons décrit. La première scène en commençant à gauche montre l'âme combattant un crocodile ; ce combat fait partie d'une longue série d'épreuves semblables où l'âme juste devait remporter la victoire avec le secours des paroles sacrées que lui apprenait le chapitre du Rituel correspondant à chaque vignette.

Après les diverses transformations des mânes, déjà décrites plus haut, on trouve ici une scène où l'âme, toujours représentée par un épervier à tête humaine, voltige au-dessus de son squelette. Plus loin, elle boit l'eau céleste qui doit faire reverdir en l'homme une nouvelle jeunesse. Le défunt est ensuite figuré voguant sur les eaux

(1) Ce manuscrit ayant eu à souffrir de l'action du soleil, a dû être retiré de cette salle ; ainsi que les autres papyrus qui n'ont pu être exposés dans les galeries, il sera mis à la disposition des savants qui voudront l'étudier. (P. P.)

célestes; le Rituel lui apprend ici les noms mythiques de toutes les parties de cette barque sacrée. Sept demeures sont ensuite énumérées ; on les voit figurées avec leurs gardiens armés de glaives. Après ces pérégrinations, le défunt est représenté à genoux devant le divin soleil à tête d'épervier. Le livre retourne alors à la momie, qui, pendant ce temps, est restée sur le lit funèbre; Elle y repose entre les bras d'Anubis, le dieu à tête de chacal, et sous la protection d'Isis et de Nephthys, sœurs d'Osiris; ces déesses récitent les chants du deuil, comme elles l'ont fait pour leur frère, lorsqu'après avoir réuni ses membres elles lui rendirent la vie par leurs incantations. Ce chant de résurrection, prononcé par Isis, constituait un petit livre spécial, dont plusieurs exemplaires nous sont parvenus. Notre manuscrit présente ensuite, comme le premier, la série des portes avec leurs gardiens, celle des quarante-deux juges et le bassin expiatoire. Il contient de plus la série des sept vaches sacrées avec leur taureau. La scène du jugement est ici un peu différente de la première : Anubis amène le défunt et présente à Osiris le symbole de son cœur; c'est le dieu Horus qui exécute le pèsement de l'âme devant les deux déesses *Justice*.

Le livre se termine par la barque, où le défunt justifié a été admis, et par la topographie des demeures célestes qu'il doit parcourir.

Le Rituel qui occupe la bande supérieure est d'un époque bien plus récente que les deux premiers ; il est au plus du sixième siècle avant l'ère chrétienne; je n'attirerai l'attention que sur la scène du jugement qui a pris ici une très-grande extension. Le défunt est amené par la déesse *Justice*, elle lui dit : *Viens voir Osiris infernal pour qu'il t'accorde les bienfaits attachés à la sépulture sacrée.* Le cynocéphale, emblème d'équilibre, repose ici au sommet de la balance. *Horus* pèse le cœur et semble même lui prêter son appui en tirant sur les chaînes qui suspendent le plateau. Anubis explore l'indicateur de la balance et constate son équilibre. Thot, à tête d'ibis, figure ici comme *seigneur des divines paroles* et comme *écrivain de la justice divine*, il prononce la sentence qui assure l'immortalité au défunt. Devant Osiris, juge suprême, repose la *dévorante de l'enfer*, monstre composé avec les parties du crocodile, de l'hippopotame et du lion, qui se tient prêt à dévorer les condamnés.

Dans la même salle, à l'autre extrémité, on voit le tribunal composé des quarante-deux juges.

Parmi les papyrus qui remplissent l'autre côté de la cheminée, plusieurs répètent les scènes que nous venons de décrire. Mais on voit dans le bas un papyrus en deux feuilles d'une nature toute différente. Il représente dans des tableaux, entremêlés de légendes, les diverses parties du ciel où le soleil se plongeait pendant les heures de la nuit.

Parmi les manuscrits des rangées supérieures, on peut remarquer, dans la troisième rangée, un défunt nommé *Khonsoumès* qui est représenté labourant et moissonnant dans les champs célestes des âmes pures. La bande supérieure est occupée par un manuscrit (1) remarquable par la beauté de ses vignettes ; la première scène contient surtout des détails curieux ; on y voit le cortége funèbre de la momie placée dans une barque sur un traîneau que mènent quatre bœufs. A la suite de cette scène, on a tracé le plan de l'hypogée et l'escalier qui y conduit le défunt ; tous les meubles funéraires y sont dessinés à leur place respective.

Le lecteur attentif aura maintenant une connaissance

(1) Champollion l'a décrit très-complétement dans son Catalogue, p. 149, et il a été récemment publié en *fac-simile* et traduit par Th. Devéria et P. Pierret sous le titre de Papyrus de *Nebqed*.

suffisante de ces doctrines, pour bien saisir les explications
des divers monuments funéraires, dont la décoration est
toujours gouvernée par les mêmes idées.

Le milieu de la salle est occupé par un beau coffret funéraire du style de la dix-neuvième dynastie, et par quatre
canopes en bois, finement peints; nous expliquerons plus
loin la destination de ces sortes d'objets.

Sur la table et à ses côtés sont exposés des cercueils en
bois peint et des cartonnages de momies. La décoration
de ces cercueils et de ces cartonnages a varié, comme celle
des sarcophages, suivant les différentes époques de l'histoire d'Égypte. On n'en possède qu'un très-petit nombre
qu'on puisse, avec certitude, attribuer au premier empire.
Quelques-uns imitaient la forme des sarcophages les plus
anciens; ils étaient rectangulaires et portaient à l'extérieur
les ornements qui caractérisent l'architecture des premières dynasties. A l'intérieur la décoration se composait
d'une foule d'objets usuels peints et des diverses sortes
d'offrandes; les noms et les quantités de ces objets sont
ordinairement écrits auprès. Les flancs et les fonds sont
ordinairement couverts de textes en écriture cursive empruntés au Rituel funéraire, qui, dès cette ancienne
époque, avaient déjà le caractère de textes sacrés.

Le plus parfait modèle des cercueils de ce style appartient au musée de Berlin. Il se compose de trois coffres
pareils et rentrant exactement l'un dans l'autre, que
M. Passalacqua eut la bonne fortune de trouver à leur
place antique, dans un hypogée thébain.

On voit, par les cercueils des rois *Antew*, que dès la
onzième dynastie on taillait aussi des boîtes de momies
dessinant la forme humaine; elles ont peut-être été ren-
fermées dans des sarcophages de pierre. Depuis la dix-
huitième dynastie, la forme rectangulaire était une exception.

Les trois cercueils de *Soutimès, hiérogrammate et chef des gardiens des livres* à Thèbes, peuvent être cités comme un modèle de la décoration des boîtes de momies, vers la dix-neuvième dynastie : si l'on veut en lire la description sommaire, on verra quelles images employaient les prêtres chargés des embaumements pour entourer le corps du défunt de tous les symboles de sa résurrection.

Dans la première boîte, le fond est décoré d'un grand *T'at* : cet objet (habituellement connu sous le faux nom de nilomètre) est une sorte d'autel à quatre tables, dont le sens mystérieux n'est pas encore bien expliqué ; il est couronné d'un grand diadème qui appartient à Osiris ; deux bras en sortent étendant des ailes en signe de protection. Au-dessous, l'étendard d'Abydos représente également Osiris, qui était censé enseveli dans cette ville ; les déesses Isis et Nephthys étendent leurs mains vers cet emblème. Le chevet est occupé par le scarabée, symbole de la génération céleste qui doit faire regermer le défunt dans une nouvelle vie. Ce scarabée porte en tête le disque du soleil, peint non plus en rouge, mais en vert. C'est le soleil plongé dans la nuit, qui reprendra sa couleur lumineuse lorsque le matin aura ramené sa nouvelle naissance. Ce symbole est placé entre deux yeux ailés qui représentent les deux principales divisions du ciel. Cette même division du ciel se reproduit sur les parois intérieures, où le ciel du nord et celui du midi sont représentés par les deux vipères couronnées. Sur ces mêmes parois, le défunt est figuré en adoration devant diverses divinités.

A l'extérieur, le chevet de ce cercueil est divisé en deux étages ou registres : le premier est rempli par le scarabée dont nous avons expliqué le symbolisme ; Isis et Nephthys portent la main à leur front ; c'est l'attitude du deuil pendant lequel ces deux sœurs d'Osiris récitaient les paroles sacrées qui devaient lui rendre la vie. Dans le second registre, la

déesse *Nout* (1), qui représente l'éther des espaces célestes, déploie ses deux ailes et tient en main le signe de la
vie future. La décoration des pieds est également divisée
en deux registres : dans le premier, les déesses Isis et
Nephthys sont couchées sur le ventre, dans l'attitude du
repos, ce qui les fait ressembler à des sphinx. Au-dessous,
le symbole *Tat* est accompagné des quatre génies funéraires qui présidaient à la conservation des entrailles. Les
flancs extérieurs sont décorés de deux séries de figures :
la série supérieure contient divers dieux couchés en
sphinx ; devant chacun d'eux on a figuré le défunt *Soutimès* debout et leur adressant ses hommages. La série inférieure se compose de dieux et génies des espaces célestes,
debout, auxquels le défunt adresse également des prières.

Le couvercle de ce premier cercueil est de l'autre côté
de la table ; la tête porte un bouquet de lotus, autre symbole d'une nouvelle naissance ; c'est sur le bouton de ce
lotus qui s'épanouit, qu'on plaçait l'enfant divin, symbole
du soleil levant, lequel était à son tour la vivante image
de l'éternelle jeunesse de la divinité. Le collier qui couvre
sa poitrine se composait de fleurs et boutons de lotus et
d'autres symboles analogues. L'estomac et le ventre ont
pour principaux ornements deux formes du scarabée. Le
premier porte simplement le disque du soleil, dont les
rayons étaient censés donner plus directement la vie ; le
second, les ailes étendues, porte une tête de bélier, nouveau symbole d'activité et de génération.

Sur les jambes, la décoration est divisée en petites
scènes dans lesquelles le scarabée joue le premier rôle ; le
sens est complété par le vautour, aux ailes étendues, qui
représente la déesse de l'éther céleste et en même temps
la maternité. C'était l'espace céleste qui jouait le rôle de

(1) Champollion la nommait *Netpé.*

mère dans la génération divine, suivant la doctrine égyptienne ; elle complète ici la promesse de la naissance divine qui viendra donner au défunt une vie désormais à l'abri de la mort. Les côtés sont occupés par des figures de divinités diverses : vers les pieds, Isis et Nephthys remplissent le rôle de pleureuses, comme elles l'avaient fait au deuil d'Osiris.

Auprès de ce couvercle est celui de la seconde boîte renfermée dans la première. La tête est ornée d'un simple bandeau. La décoration de l'estomac et du ventre est analogue à celle de la première boîte ; on doit y remarquer, néanmoins, à droite et à gauche du scarabée, un dieu à tête de bélier que la déesse *Neith* entoure de ses bras. Cette déesse, qui n'est qu'une autre personnification de la mère divine, embrasse ainsi le dieu Soleil, source de a vie. Auprès de cette scène, le défunt Soutimès navigue sur les espaces célestes, après sa justification ; le reste de la décoration présente toujours les béliers et les scarabées avec quelques variantes. Aux pieds, on doit remarquer le défunt à genoux et recueillant des gouttes qui semblent découler des déesses Isis et Nephthys, dans leur rôle de pleureuses. Sous les pieds, on a figuré Osiris dans son rôle de juge, le défunt Soutimès comparaît devant lui.

Dans la partie inférieure de ce second cercueil, le fond est occupé par la déesse du ciel (Nout) étendant ses ailes ; elle est là pour recevoir le défunt dans son sein ; les quatre génies sont auprès de sa tête : sous ses pieds, c'est le dieu *Ra* ou soleil, entre les déesses Isis et Nephthys ; vers les pieds de la momie, l'étendard, symbole d'Osiris, entre deux béliers. Sur les flancs, parmi diverses figures divines, on doit remarquer une momie couchée, à laquelle on a donné la forme ithyphallique ; c'était la manière la plus énergique d'exprimer cette croyance qu'au sein même de la mort reposait pour l'homme la promesse

d'une nouvelle génération qui le revêtirait, **comme la di-**
vinité, d'une éternelle jeunesse.

A l'extérieur, la décoration est divisée en deux registres : dans le premier figurent les quarante-deux juges
infernaux et le défunt qui leur adresse sa justification;
parmi les scènes du second registre il faut remarquer :
1° le disque du soleil qui apparaît entre deux lions, c'est une
des figures du soleil levant; 2° la vache sacrée qui sort de la
montagne d'occident: c'est la déesse Hator qui présidait
au ciel de l'enfer.

Le troisième cercueil ne se composait que d'un cartonnage qui se trouve dans l'armoire I; il était posé sur la
momie, enveloppée de ses bandelettes, et n'avait pas de
dessous. Les ornements se composent d'abord de deux
scarabées; une chaîne, composée de croix ansées, signe de
la vie éternelle, s'étend à côté du second. On y voit
ensuite le dieu Tot, à tête d'ibis, et l'âme du défunt. La
déesse du ciel enveloppe le ventre avec ses ailes. Une
inscription en deux bandes s'étend sur les jambes; c'est
le défunt Soutimès qui s'adresse ainsi à la déesse : *O ma*
mère, le ciel, qui t'étends au-dessus de moi, fais que je
devienne semblable aux constellations! Que le ciel étende
les bras vers moi, dans son nom de ciel (féminin); *qu'elle*
étende ses bras pour dissiper les ténèbres et pour me
ramener la lumière!

Sans décrire aussi complétement les autres boîtes de
momie, nous indiquerons cependant aux visiteurs curieux
quelques-unes des scènes qui les recouvrent. Auprès des
cercueils de Soutimès est le fond de la boîte d'une dame
thébaine nommée *Tenteschatmaut;* l'intérieur est remarquable par la beauté de ses peintures; à l'extérieur, près
du chevet, on remarquera une division de l'enfer égyptien,
le lieu de torture des coupables, divisé en neuf zones ou
prisons diverses. Horus préside aux supplices avec les

déesses à tête de-lionne, qui sont les furies de ce tartare.

Les côtés de la table sont occupés par des cartonnages de momie : c'était la dernière enveloppe; elle était à son tour recouverte par les divers cercueils et souvent par le sarcophage. Plusieurs ont la figure dorée ; lorsqu'on dorait la figure d'un homme, on en brunissait souvent la couleur par une teinte de bitume. Leur décoration se compose de tous les symboles que nous avons décrits aux boîtes de momie. Ce sont les scarabées, les béliers, les éperviers qui les enveloppent de leurs ailes; sur les pieds, les chacals des guides des chemins célestes, et sur les flancs les quatre génies, fils d'Osiris et protecteurs des entrailles. A ces emblèmes ordinaires se mêlent une foule de scènes très-variées qui offrent le champ le plus large pour l'étude des.croyances égyptiennes dans tous leurs détails.

ARMOIRE A.

Dans le bas sont placés des coffres funéraires. On en trouve un certain nombre dans chaque tombeau : ils servaient à déposer les figurines funéraires. Les formes et les grandeurs de ces coffrets sont extrêmement variées ; quelques-uns divisés en quatre compartiments, ont dû contenir les entrailles. Les quatre génies forment alors le principal motif de leur décoration. Sur d'autres, Nout, la déesse de l'éther céleste, apparaît dans son sycomore, versant l'eau qui doit rajeunir le défunt et rendre à son âme une vie nouvelle.

Sur la première tablette de cette armoire se trouvent de petits modèles de cénotaphes, où le défunt est couché, accompagné de son épouse ou de sa sœur, comme dans les tombeaux du moyen âge. Leur âme, sous la forme de l'épervier à tête humaine, vient rejoindre le corps qui lui

a appartenu. Suivant la promesse contenue dans le chapitre LXXXIX du Rituel funéraire, l'âme justifiée, une fois
parvenue à une certaine époque de ses pérégrinations,
devait se réunir à son corps, pour n'en plus être jamais
séparée. C'est le souvenir de cette grande doctrine qu'expriment d'une manière sensible à tous les yeux ces petits
cénotaphes, où l'âme semble venir réveiller le corps qui
l'attend sur son lit de repos.

Derrière ces lits funèbres sont des figurines funéraires
en pierre. Ces figurines, que l'on trouve quelquefois en
très-grand nombre dans les coffrets, semblent avoir été
déposées par les parents et amis du défunt, au jour de ses
funérailles. Le mort y est représenté les mains croisées
sur la poitrine; il est armé des instruments propres à la
culture des champs célestes, dépeints au chapitre CX du
Rituel. Les mânes devaient y demeurer un certain temps
et s'y livrer aux travaux des champs. Les attributs qu'on
donne à la figurine sont une pioche et un hoyau à lame
plate (que l'on a quelquefois pris à tort pour un fléau); un
sac de semences pend ordinairement sur son épaule. Le
sixième chapitre du Rituel, qui contenait la formule d'invocation prononcée à cette occasion, est gravé ou peint
sur les figurines, dont la fabrication variait, sans doute,
suivant la fortune de celui qui rendait cet hommage au
défunt.

Les tablettes supérieures contiennent d'autres coffrets
funéraires de toutes les époques.

ARMOIRE B.

Les tablettes de cette armoire et de la suivante sont
occupées par une longue suite de figurines funéraires,
rangées seulement d'après leur matière. Leurs légendes
fournissent à l'archéologie les noms et les emplois d'une

immense quantité de personnages de toutes les époques. On peut remarquer, quant à la fabrication des figurines en terre émaillée, que le beau bleu brillant remonte jusqu'à la dix-huitième dynastie. Les roses vifs et d'un émail bien dur sont de la dix-neuvième. Je ne connais pas de figurines funéraires de cette espèce qu'on puisse attribuer à l'ancien empire. M. Passalacqua, qui eut le bonheur d'ouvrir un tombeau inviolé d'une époque antérieure aux pasteurs, n'y trouva même aucune figurine funéraire, quoique le tombeau fût garni de tous ses accessoires.

ARMOIRE C.

Les figurines funéraires en bois furent usitées à toutes les époques. La finesse de leur gravure suit la marche de l'art. Les bois peints et vernis sont particulièrement beaux dans les figurines de la dix-huitième et de la dix-neuvième dynastie. Le bas de ces deux armoires est occupé par divers coffrets, destinés aux figurines. Les scènes peintes sur ces coffrets sont encore les quatre génies ou la déesse Nout dans son sycomore, versant l'eau céleste; ou bien encore Anubis veillant sur la momie. On a aussi disposé dans ces armoires divers ornements de momie, comme des colliers ou des sandales. Sous ces sandales, on peignait les ennemis renversés et garottés. C'était promettre au défunt la victoire sur les puissances malfaisantes de l'enfer.

Le panneau de la cheminée est couvert par une toile de momie peinte pour un Égyptien de l'époque romaine; on remplaçait alors le masque antique de la momie par un portrait peint sur la toile ou sur des planchettes. Le mort est ici entre les bras d'Anubis, représenté avec la tête du chacal noir; auprès de lui est sa boîte de momie.

La cheminée et le dessus des consoles sont ornés d'un

choix des plus beaux canopes d'albâtre. Les vases que l'on s'est habitué à nommer canopes servaient à renfermer le cerveau, le cœur, le foie et les autres viscères, que l'on embaumait séparément. Quatre génies, fils d'Osiris, et nommés *Amset, Hapi, Tioumautew* et *Kébah-senouw*, se chargeaient de protéger ces parties essentielles de l'homme. Quatre déesses : *Isis, Néphthys, Neith* (1) et *Selk* leur adressaient ordinairement des formules de bénédiction, dont les inscriptions sont gravées sur la panse des vases. Quelquefois les couvercles des canopes sont ornés d'une tête humaine ; souvent, au contraire, on les trouve couverts par les têtes symboliques des quatre génies : la tête d'homme, la tête du singe (cynocéphale), la tête d'épervier et celle du chacal. Les beaux vases qui ornent la cheminée de cette salle ont appartenu à la tombe d'un général égyptien, du sixième siècle avant J.-C., nommé *Psammétik-sinet* (2). Le reste de la collection des canopes est placé sur les colonnes et sur les armoires.

ARMOIRE D.

Dans le bas sont de petits cénotaphes qui contiennent ordinairement une figurine de femme nue ; quatre cénotaphes un peu plus grands portent, par une singularité très-rare, les têtes des quatre génies ; ils ont sans doute remplacé des canopes, car ils sont décorés de la légende ordinaire des déesses protectrices des entrailles.

Sur la première tablette, une collection de figurines

(1) On y trouve aussi quelquefois *Nout,* la déesse des espaces célestes.

(2) Dans ce nom, le mot *Psammétik* est entouré d'un cartouche ; il faut prendre garde de s'y tromper et de regarder ces noms comme appartenant au roi lui-même. Lorsqu'un nom royal entrait comme élément dans un nom propre, on mettait souvent ce nom royal dans un cartouche, par vénération pour le roi que ce nom rappelait.

funéraires en bois peint et en terre cuite peinte; ce mode a été usité à toutes les époques. Sur les tablettes supérieures sont des stèles funéraires, peinte sur bois. Seconde tablette, à gauche, stèle de la dame *Tisisis*, prêtresse d'Ammon. On y remarque deux scènes : dans la première, la prêtresse adore la barque du soleil, son âme est devant elle sous la figure ordinaire de l'épervier à tête humaine ; la seconde scène nous montre la même défunte adorant Osiris et les dieux de son cycle. Le texte qui suit est un hymne qu'elle adresse au soleil.

A droite, sur la même tablette, stèle du prêtre d'Ammon *Harsiésis*, fils de *Scheschonk*. La scène nous montre le défunt qu'Anubis amène devant Osiris. L'inscription contient le décret que ce dieu prononce en faveur d'*Harsiésis*.

Sur la tablette supérieure est une superbe stèle du même genre. Dans le cintre on voit, auprès du disque ailé, l'âme du défunt *Osoroëris* qui adore le soleil dans sa lumière. Dans la première scène, il est figuré, ainsi que son âme, adorant la barque du soleil, où ce dieu est accompagné de toute sa suite. Le second registre est divisé en deux scènes : à droite, c'est Osiris et ses compagnons ordinaires Horus, Isis, Nephthys ; à gauche, c'est une triade composée des dieux *Toum, Schou* et *Tafné* (1). Le grand texte qui complète la stèle contient un décret d'Osiris en faveur du défunt.

ARMOIRE E.

Les chevets en bois, analogues à ceux dont se servent aujourd'hui les Nubiens, sont dans le bas de cette armoire. On remarque fréquemment sur ces chevets la figure du

---

(1) Voyez, pour ces divinités, à la salle des dieux.

dieu *Bes*, à la face monstrueuse. La couronne funéraire est un objet assez rare; elle était, d'après le dix-neuvième chapitre du Rituel, l'emblème de la justification du défunt.

Les figurines funéraires de cette armoire appartiennent à la qualité de terre émaillée qui ressemble le plus à de la porcelaine. Ces beaux bleus, clairs et brillants, appliqués quelquefois sur une fritte tendre, mais quelquefois aussi sur une pâte solide et d'un blanc éclatant, appartiennent à l'époque saïte.

Au-dessus sont réunis divers masques de momie : on a cherché de tout temps, en Égypte, dans les embaumements un peu riches, à donner à ces masques la ressemblance du défunt.

Les cercueils du roi Antew montrent que, dès la plus haute antiquité, quelques-uns de ces masques furent dorés et ornés d'yeux incrustés en émail.

L'usage des masques composés d'une feuille d'or remonte au moins à la dix-huitième dynastie. Les masques en cartonnage dorés furent usités de tous les temps. Les masques dans lesquels on a donné à la peau une couleur rosée sont beaucoup plus récents ; plusieurs masques de femmes de cette couleur sont coiffés d'ornements étrangers à l'Égypte, ce sont des monuments gréco-égyptiens, ainsi que les masques en cartonnage doré du même style. Les portraits peints remplacèrent les masques à l'époque romaine ; ceux qui sont dans cette armoire appartiennent à la famille de *Soter*, archonte de Thèbes sous l'empereur Hadrien.

VITRINE F.

Pectoraux ou ornements de momie, en forme d'un petit édifice. La décoration se compose d'un chacal qui garde la momie, couché sur le tombeau, ou bien du scarabée, symbole de la génération mystique qui rendra la vie au défunt; les déesses Isis et Nephthys l'assistent en prononçant leurs invocations. On a quelques exemples de masques de momie de faïence bleue ; celui qui est dans cette vitrine est trop petit pour avoir couvert réellement le visage d'une momie.

VITRINE G.

Scarabées funéraires. Suivant la prescription du chapitre XXX du Rituel, un gros scarabée de jaspe vert ou une pierre de couleur analogue devait être placé dans l'intérieur de la momie. Il porte gravé au revers des paroles sacrées relatives au rôle mystique que l'on prêtait au cœur comme principe de la vie. Quelques-uns de ces scarabées ont, de plus, quelques ornements gravés sur leurs élytres.

On en trouve assez souvent en faïence bleue; ceux de feldspath vert clair sont les plus rares. La prescription du Rituel ordonnait de les enchâsser d'or; elle est quelquefois exècutée.

ARMOIRE H.

Dans le bas sont étendus des exemples de momies égyptiennes, revêtues de leur enveloppe. La momie d'un homme que Champollion nomme *Siophis* est couverte des différents cartonnages qui lui servaient d'ornement. Un grand collier est figuré sur le cartonnage de la poitrine. Au milieu est un pectoral avec les figures d'Osiris, d'Isis et d'Horus. Le cartonnage des jambes est décoré comme les boîtes de momie que nous avons décrites. Sous ces cartonnages, et sur les bandes de toile qui dessinent les formes du corps, on avait placé les beaux réseaux en émail bleu qui sont dans des cadres, à droite et à gauche, au fond de la salle. Avec cette momie sont deux momies d'enfants enveloppés (1).

Dans le corps de l'armoire sont plusieurs boîtes de momie et des masques funéraires. La série des animaux sacrés et embaumés commence ici par une tête de bélier. Une figure d'Osiris en bois peint était une sorte d'étui dans lequel on renfermait les plus beaux rituels funéraires.

ARMOIRE K.

Dans le bas, des animaux embaumés : on distingue particulièrement un crocodile, des poissons, des chats et des ibis, avec les vases de terre qui les contenaient.

Dans le corps de l'armoire, une tête de taureau et une tête de bélier sont les objets principaux. De petits chats sont emmaillotés et couchés sur le flanc; d'autres plus grands sont debout. Sur une momie d'ibis, on a figuré le dieu Tot par un entoilage bien découpé. On distingue aussi de nombreux éperviers; l'un deux, trouvé au Sérapéum, est dans un cercueil de pierre calcaire ; il est représenté en bas-relief sur le couvercle. Dans cet endroit, on voit aussi une série de figures d'Osiris en bois doré; elles sont adossées à un petit obélisque creux, dans lequel on trouve les débris d'un petit saurien embaumé.

Parmi les boîtes de momie de cette armoire, on doit remarquer celle de la prêtresse d'Ammon, nommée *Mautnowré* : tous ses ornements sont découpés à jour.

VITRINE L.

Elle contient des échantillons de toiles de momie et de

_____

(1) Une momie développée et un certain nombre de belles boîtes de momie sont reléguées, faute d'espace, au second étage du Louvre.

bandelettes, ornées de textes sacrés presque toujours empruntés au Rituel funéraire. La plus remarquable est d'un beau blanc et peinte en hiéroglyphes; les autres sont couvertes de prières en écriture hiératique.

On a placé ici des exemples de divers manuscrits égyptiens (1).

Un petit cadre contient un chapitre du Rituel, écrit dans le style hiératique du temps des Romains.

Les deux volumes de papyrus roulés font voir dans quel état les rituels funéraires sont trouvés dans les tombeaux.

VITRINE M.

[Elle contient six spécimens d'hypocéphales. Ce sont des disques en toile que l'on plaçait sous la tête de la momie et qui, grâce aux légendes mystiques dont ils sont couverts, devaient conserver au corps sa chaleur vitale jusqu'au jour de la résurrection.]

ARMOIRE N.

Cette armoire renferme une autre collection de coffrets funéraires. Les figurines de cette division sont en pierre, celles d'albâtre sont particulièrement belles. On doit aussi remarquer les figurines en pierre schisteuse, où le défunt presse contre son sein l'épervier, emblème de son âme. C'était encore la promesse de la résurrection que chaque assistant apportait au défunt, en déposant dans sa tombe sa figurine ornée de ce symbole.

---

(1) La collection de manuscrits sur papyrus n'a pu être exposée faute d'espace. On les visite en adressant une demande à la conservation du Musée égyptien. Toute personne qui veut étudier un de ces manuscrits doit en faire la demande de la même manière; le manuscrit est mis à sa disposition, sous la surveillance d'un employé du Louvre.

SALLE DES MONUMENTS RELIGIEUX.

On n'a pas encore publié de travaux complets sur la mythologie des Égyptiens. Champollion, dans son *Panthéon*, a distingué et nommé la plupart des différentes divinités. S.-G. Wilkinson a complété ce travail. M. Lepsius a montré comment ces personnages se divisaient en diverses sociétés ou cycles divins, suivant les localités où ils étaient adorés. Les résumés publiés par M. Birch, dans la galerie d'antiquités du *British Museum*, sont aujourd'hui la meilleure source où l'on pourra puiser les détails qu'ont fournis jusqu'ici les monuments déchiffrés par les archéologues (1).

On ne doit pas s'attendre à trouver dans cette mythologie un tout bien coordonné, un système embrassant le ciel et la terre, sans lacune et sans double emploi. La reli-

_____

(1) Depuis que M. de Rougé a rédigé ce chapitre, d'importants travaux ont été publiés sur la religion, en tête desque's il faut placer l'étude de M. de Rougé lui-même sur le Rituel funéraire, qui contient la traduction et le commentaire de l'un des plus importants chapitres de ce livre au point de vue théologique. Plus récemment encore, le catalogue des Papyrus du Louvre, dont M. Th. Devéria est l'auteur, ainsi que son Introduction mythologique au papyrus de Neb-qed et son étude sur l'expression *ma-kheru*, ont enrichi la science d'aperçus très-féconds sur les doctrines religieuses de l'ancienne Égypte. (P. P.)

gion égyptienne fut, comme l'empire lui-même, une réu-
nion des cultes locaux; on y trouve par conséquent une
répétition des mêmes idées sous différents types et avec
les variantes importantes. Il serait de même très-inexact
de penser que cette multitude de divinités adorées chez les
Égyptiens eût complétement oblitéré chez eux la notion
d'un Dieu suprême et unique. Les textes hiéroglyphiques
apportent une lumière précieuse sur cette question. Le
Dieu suprême, quel que soit le nom local qu'on lui ait
appliqué, est souvent désigné par des expressions qui ne
permettent point le doute à cet égard. *Il est le seul être
vivant en vérité*, disent les légendes sacrées. *Il a donné
naissance à tous les êtres et à tous les dieux inférieurs. Il
a tout fait et n'a pas été fait.* Enfin, *il s'engendre lui-même.*
C'est là le second point et peut-être le plus curieux de la
doctrine égyptienne. Si certains textes disent que le Dieu
père engendre un fils, son image, on en rencontre d'autres
qui semblent ne faire du fils qu'une manière d'envisager
le père. C'est dans ce sens que les Égyptiens disaient du
dieu *Ra* (soleil), *qu'il s'engendre lui-même.* A Saïs, où il
était considéré comme le fils de la déesse mère *Neith*, on
disait qu'*il était enfanté, mais n'avait pas été engendré*,
parce qu'il descendait lui-même dans le sein de sa mère,
par sa propre vertu.

Les Égyptiens ont donc distingué dans la génération
éternelle de la divinité un père et un fils dont les deux
personnalités ont été plus ou moins confondues ou distin-
guées, suivant les temps et les lieux. Un personnage féminin, jouant le rôle maternel, venait s'ajouter aux deux
premiers et complétait la triade divine telle qu'on la voit
adorée dans la plupart des temples. A Saïs, la mère jouait
même le principal rôle, sous le nom de *Neith*; à Thèbes,
elle est subordonnée au personnage d'Ammon. Celui-ci est
essentiellement le dieu père, et néanmoins sa confusion

avec la personne de son fils est clairement indiquée dans la légende où il est qualifié le *mari de sa mère, Maut.* La déesse de Thèbes était, en effet, son épouse quant à son rôle de père, et sa mère quant à son rôle de fils.

Le soleil est le plus ancien objet du culte égyptien que nous trouvions sur les monuments. Sa naissance de chaque jour, lorsqu'il s'élance du sein du ciel nocturne, était l'emblème naturel des idées que nous venons d'exposer sur l'éternelle génération de la divinité. Aussi l'espace céleste était-il identifié avec la mère divine. C'était particulièrement le ciel de la nuit qui remplissait ce personnage. Les rayons du soleil, en réveillant toute la nature semblaient donner la vie aux êtres animés. Ce qui, sans doute, n'avait été d'abord qu'un symbole, est devenu, sur les monuments égyptiens que nous connaissons, le fond même de la religion. C'est le soleil lui-même que l'on y trouve habituellement invoqué comme l'être suprême, et son nom égyptien *Ra*, ajouté souvent à celui de la divinité locale, semble témoigner que cette identification constitue une seconde époque dans l'histoire des religions de la vallée du Nil. C'est ainsi qu'Ammon est devenu *Ammon-Ra* (Ammon-Soleil).

Ptah, le dieu suprême de Memphis, s'est peut-être maintenu longtemps dans une sphère plus élevée, car on ne le trouve pas identifié au soleil (1), tandis qu'ailleurs il semble même indiqué comme le père de cet astre.

Si le culte du soleil, comme dieu suprême ou comme manifestation de ce dieu, paraît un trait général parmi les croyances égyptiennes, il en est un autre qui, du moins dans le second empire, n'était pas moins universel: c'est le culte d'Osiris, type et sauveur de l'homme après sa mort, tel que nous l'avons expliqué à propos des monuments fu-

(1) Excepté dans le type de la divinité infernale : *Ptah-Sokar-Osiri.*

néraires. Osiris, en cette qualité, était aussi identifié avec le soleil infernal accomplissant sa révolution nocturne, jusqu'à ce que sa nouvelle naissance vînt lui rendre son caractère de dieu du jour.

Telles me paraissent avoir été les idées dominantes au milieu des innombrables superstitions de l'Égypte, où toute la nature avait fini par participer à la divinisation.

ARMOIRE A.

Elle réunit les principaux dieux de la Thébaïde. Ammon (1) y occupe le premier rang. La coiffure de ce dieu se compose de la couronne rouge, symbole de la souveraineté de la basse région, surmontée de deux longues plumes droites. Son costume est la *schenti* ou tunique courte, attachée à la taille par une ceinture. Le sceptre qu'il tient ordinairement en main est celui qu'on nomme vulgairement sceptre à tête de *coucoupha*, parce qu'on avait cru d'abord y reconnaître cet oiseau ; mais des exemples bien conservés ont fait voir qu'il s'agissait d'un quadrupède sauvage dont la tête ressemble à celle d'un lévrier (2). La plus belle figure d'Ammon, dans notre musée, est un bronze placé sur la cheminée. Dans cette figure le dieu foule aux pieds les neuf arcs, symbole des nations barbares. L'armoire A renferme d'autres bonnes figures de ce premier type du dieu. Ainsi représenté, il était appelé *le père des dieux, le seigneur des trônes de la terre ; le seigneur des dieux, le seigneur de l'éternité, le grand dieu vivant en vérité*, etc. Il dispose en souverain des royaumes de la terre et les donne en présent aux rois d'Égypte.

(1) Le nom égyptien paraît s'être prononcé *Amoun ;* il signifiait *mystère* et *adoration*.

(2) Voyez à la vitrine N un exemple de cette tête symbolique.

Ammon paraît souvent, sur les monuments, représenté sous la forme ithyphallique que l'on trouve dans quelques figurines de cette armoire. C'est alors qu'il est spécialement appelé *le mari de sa mère.* Son costume, sous cette forme, se compose de la même coiffure, aux deux longues plumes, et d'un large collier qui couvre la poitrine. Ce large collier était un autre symbole de virilité. Son bras droit est élevé à la hauteur de sa tête, la main déployée; auprès est le fouet sacré : on ne connaît pas bien le symbolisme de ce geste (1). Son corps est enveloppé comme celui d'une momie. Les figures de ce genre portent souvent tout à la fois les deux noms d'*Ammon* et d'*Horus, fils d'Isis,* identifiant ainsi sous ces caractères les rôles du père et du fils. Cette forme d'Ammon existait sur les monuments dès la douzième dynastie.

A gauche d'Ammon sont les figures de son épouse divine, nommée à Thèbes simplement, *Maut* ou *mère.* Cette déesse est ordinairement coiffée du *pschent* ou double diadème de la souveraineté des deux régions. Quelquefois un vautour, symbole de la maternité, montre sa tête sur le front de la déesse; les ailes forment sa coiffure. Elle est vêtue d'une longue robe juste et tient en main le signe de la vie. Les principaux titres de *Maut* sont ceux de *dame du ciel et régente de tous les dieux.* Elle est aussi qualifiée *souveraine de la nuit* (2).

Le fils de ces deux divinités, considéré comme personnage distinct, se nommait *Khons* : il apparaît sous deux types principaux dans nos figurines comme sur les monuments. Dans le premier il a une tête humaine; sa coiffure se compose du disque avec les cornes en demi-cercle, que l'on regarde comme un symbole lunaire ; il est alors sou-

(1) Th. Devéria y voyait l'attitude du semeur, interprétation qui concorde bien avec le caractère générateur de ce dieu. (P. P.)

(2) C'est, en effet, le ciel nocturne qui semble enfanter le soleil levant.

ent nommé *Aah-Khons* ou *Khons-Lune*. Il porte une tresse
e cheveux pendants sur l'épaule; c'était la coiffure sym-
olique de la jeunesse. La tête humaine est souvent changée
n celle d'épervier, l'animal symbolique de Khons. Ce dieu
tait invoqué à Thèbes sous deux vocables principaux :
ans le premier, il portait un nom qui semble signifier
Chons en Thébaïde, bon protecteur; dans le second, il se
omme *Khons conseiller de la Thébaïde, grand dieu qui
hasse les rebelles.* Il paraît plus spécialement chargé
'agir auprès de l'homme, et c'était également lui qui gué-
issait les maladies et chassait les mauvais esprits.

Divers groupes représentent Ammon réuni avec *Maut*,
u même la triade thébaine réunie au complet sur le
iême socle.

A droite d'Ammon sont les figures du dieu *Noum* (1),
elui que les Grecs appelèrent *Chnoumis* et *Chnouphis*.
es légendes expliquent clairement que ce n'est qu'une
rme d'Ammon, considéré particulièrement comme fa-
ricateur des dieux et des hommes. Il porte une tête de
élier, attribut de l'ardeur, du principe actif. Il est re-
résenté quelquefois façonnant, sur un tour à potier, une
gure d'homme ou l'œuf mystérieux d'où la légende fai-
ait sortir le genre humain et la nature entière. Son nom
Noum signifie *le principe humide;* il est aussi identifié
vec le sol·il sous le nom *Noum-Ra.* Dans la petite stèle
e pierre calcaire, il est représenté sous la forme com-
lète du bélier, et porte les deux plumes droites et le
om d'Ammon. La coiffure ordinaire de Noum sur sa tête
e bélier, est le diadème nommé *atew* qui se compose de
t mitre blanche et de deux plumes d'autruche accompa-
nées de cornes de bouc et d'uræus ou de vipères divines.
Noum porte souvent aussi le nom d'*esprit des dieux,* qui

---

(1) Le nom égyptien *Noum* devient, dans les bas-temps, *Khnoum.*

lui appartient spécialement ; il était vénéré en beaucoup
de lieux de la Nubie et particulièrement aux cataractes.

La triade de *Noum,* se composait en cet endroit du dieu
et de deux déesses. Les deux déesses se nomment : 1° *Sati*
que les inscriptions latines identifient à Junon. Cette
déesse se distinguait par la mitre blanche et pointue accom-
pagnée de deux cornes de vache ; elle est représentée par
une jolie figurine de bronze ; l'inscription du piédestal la
nomme *Isis-Satis.*

2° *Anouké,* identifiée à Vesta ; sa coiffure se compose
d'un large bouquet de plumes. On ne connaît pas bien les
attributions de ces deux déesses. Sati est nommée *Fille du
Soleil, Dame du ciel, Régente des mondes.*

Dans le bas de l'armoire A, on a disposé les béliers et
les vautours symboles d'Ammon-Noum et de *Maut.* On a
rassemblé sur la tablette les diverses variantes de la divinité représentée par un hippopotame debout. Rien n'est
moins bien expliqué que cette figure : avec la griffe du
lion et la tête de l'hippopotame, elle porte souvent un
nœud symbolique qui paraît avoir quelque rapport avec la
grossesse. Elle a souvent aussi une tête de femme ou une
tête de lionne.

Elle porte les noms de *Taoër* ou la *grande,* et de *Ap* et
Schepou. Les mamelles pendantes lui donnent des rapports avec les déesses nourrices ; et en effet elle est appelée aussi la *bonne nourrice* et elle présidait aux chambres
où étaient représentées les naissances des jeunes divinités.
Elle avait à Thèbes un temple spécial. Le nœud symbolique, son emblème ordinaire, est quelquefois remplacé
par un grand couteau ; avec cet attribut, elle figure dans
les tableaux astronomiques où ses fonctions ne sont pas
mieux déterminées jusqu'à présent.

ARMOIRE B.

En commençant par la gauche, on rencontrera d'abord les figures de Neith. Cette déesse porte pour coiffure la couronne rouge décorée sur le devant d'un enroulement, c'est l'emblème de la souveraineté de la basse région. Elle porte quelquefois en main l'arc et les flèches. Les Grecs, qui l'assimilèrent à Minerve, connurent son caractère guerrier. Vénérée spécialement à Saïs, on la retrouve néanmoins dans les temples de toute l'Égypte. Nous avons déjà parlé de son grand rôle de mère du Soleil, lequel s'engendrait lui-même dans le sein de Neith. Tous ses titres se rapportent à cette grande qualité de mère du Soleil. Cette attribution de Neith n'a pas échappé aux auteurs grecs, et il nous ont conservé une inscription de Saïs où la déesse, mère du Soleil, se vantait néanmoins que sa tunique n'avait jamais été soulevée. Neith jouait aussi un rôle funéraire : elle paraissait comme protectrice des entrailles sur les canopes. Les figures de Neith sont en bronze, en bois et en lapis-lazuli, nous n'en avons pas rencontré en terre émaillée.

De petites figures de Neith présentent une particularité curieuse qui n'a pas été expliquée : la déesse y présente le sein à deux jeunes crocodiles.

PTAH.

C'était le dieu suprême à Memphis. Sa forme habituelle est celle d'un homme, la tête rasée, enveloppé comme une momie. Les traits de la figure sont ordinairement très-fins car Ptah était surnommé le *dieu au beau visage* (1). Parmi

(1) Une tête de Ptah, en terre émaillée, provenant du Sérapéum, est surtout remarquable par la finesse des traits.

ses autres titres, on remarque ceux de *Seigneur de la justice* et *Roi des mondes*. Le mot Ptah, en égyptien, signifiait *ouvrir*, comme en hébreu. Dans son rôle de père des dieux, il portait le nom de *Totonen*, qu'on pourrait peut-être traduire par *donnant la forme*. Aussi l'a-t-on figuré quelquefois portant l'œuf humain comme *Noum*. On trouve des figures de Ptah en toutes sortes de matières : les belles figurines de bronze doivent surtout attirer l'attention. Le dieu porte comme Ammon, le sceptre avec la tête du quadrupède analogue au lévrier.

C'est sans doute à cet œuf que faisait allusion la seconde forme du dieu Ptah, décrite fidèlement par Hérodote. Il dépeint le dieu de Memphis comme un nain monstrueux, analogue aux patèques des Phéniciens. On peut dire plus exactement que cette forme est calquée sur celle de l'embryon. Elle porte habituellement sur la tête le scarabée, symbole de génération, auquel se joignent quelquefois une foule d'autres emblèmes qui forment des groupes, dont l'ensemble et les détails se rapportent tous à la mystérieuse naissance de ce dieu embryon, dans lequel le créateur semble s'identifier avec la création.

Champollion paraît avoir confondu ce type avec un troisième caractère de Ptah, le caractère infernal, où il porte les noms de *Ptah-Sokar-Osiris* Dans ce type, qui apparaît sur quelques stèles, et plus habituellement dans les rituels funéraires, le dieu n'a pas ordinairement le corps d'un embryon. C'est un corps adulte, emmailloté comme une momie, avec une tête d'épervier portant le disque solaire. Il paraît identifier Ptah, dans les enfers, avec le Soleil et avec Osiris.

Nous avons dit, à la salle d'Apis, que ce taureau sacré portait les titres de *Vie nouvelle de Ptah* et de fils de Ptah. La vache qui le portait était censée avoir été fécondée par la radiation solaire. Les figures le représentent ou au naturel, dans sa forme de taureau, ou bien avec un corps d'homme svelte et jeune, surmonté de la tête de taureau. Il a cette même forme dans les figurines funéraires provenant du Sérapéum. Les beaux taureaux en bronze, disposés sur la tablette inférieure, proviennent presque tous du Sérapéum.

Mais Ptah avait un autre fils, nommé, en égyptien, *Imhotep*, que les Grecs nommaient *Imouthès*, et qu'ils assimilaient à Esculape (1). Les figurines de bronze ou de faïence le représentent comme un jeune homme à la tête rasée, vêtu d'une longue robe et chaussé de sandales; il lit dans un volume déployé sur ses genoux. Il semble caractériser par là le dieu de toute la science. Il était particulièrement adoré à Memphis, où il remplissait une partie des fonctions que les Thébains attribuaient à Khons, fils d'Ammon. La plus belle figure du dieu Imouthès est une statuette de granit; le nom du dieu est écrit sur le volume qui est déroulé sur ses genoux.

RA, ou LE SOLEIL.

Le soleil était adoré dans toute l'Égypte : son nom, *Ra*, ou, avec l'article masculin, *Phra*, s'ajoutait à celui des divinités locales lorsqu'on voulait les identifier avec cet astre. Les types du dieu *Ra* sont assez variés : dans son expression la plus générale, il est représenté par un homme à tête d'épervier, coiffé d'un disque sur lequel se relève la tête d'un uræus. Le dieu était figuré, ou debout, dans l'attitude de la marche, ou assis sur un trône. Cette seconde attitude se rapporte à la royauté qu'il était censé avoir exercée en Égypte. Ce règne du dieu Ra était regardé

(1) Jamblique le nomme *Emeph*; ce n'est qu'une autre transcription du mot égyptien *Imhotep*.

comme le commencement des temps. On disait : *depuis le temps du dieu Ra.* Comme soleil levant, il porte ordinairement le nom d'Horus des deux horizons.

Le soleil couchant, ou plutôt le soleil avant son lever, se nommait *Toum* ou *Atoum.* Cette forme avait précédé l'autre dans les idées cosmogoniques. Atoum était la source de l'être et l'échelon le plus élevé de la divinité. C'était le soleil avant sa manifestation par ses œuvres. Atoum est représenté ici sur une stèle de bois peint. Il a la forme humaine, son corps est peint en bleu ; il porte un diadème d'or ainsi que des périscélides et un collier de même métal. Son costume se compose d'une tunique verte et d'un justaucorps qui semble représenter une cuirasse de bronze. La déesse du ciel s'étend au-dessus de lui, en formant une voûte avec son corps allongé. Dans une seconde figure, peinte sur un cartonnage, on voit la tête d'*Atoum* dans une fleur de lotus ; c'est de là que sort le dieu rajeuni figuré par le soleil levant.

Le nom du soleil variait suivant les divers lieux où il était adoré ; ainsi, à Edfou, il se nommait *Hout*, et c'est le nom qu'il reçoit ordinairement dans le disque ailé qui décore le sommet de toutes les portes des temples. Dans les scènes qui ornent les monuments funéraires, le soleil voguant pendant les heures nocturnes, prend ordinairement la figure du dieu *Noum*, avec sa tête de bélier, couronnée du diadème *atew.* Dans les tableaux des heures du jour, il revêt successivement diverses formes, parmi lesquelles celle du griffon indique ses plus grandes ardeurs. Comme soleil levant, un jeune enfant sortant d'une fleur de lotus est son expression la plus remarquable.

MONT.

Ce dieu, qui était particulièrement vénéré à **Hermonthis**, dans la Thébaïde, ne me paraît être qu'une forme du soleil dans toute sa force. Il est nommé le Soleil et le Seigneur des deux mondes. Sa tête est comme celle de *Ra*, la tête d'épervier; il se distingue par les deux longues plumes droites qui ornent son disque. Son caractère particulier est celui d'un dieu des combats; toutes les inscriptions le prennent comme terme de comparaison pour le type de la vaillance. Il est surtout représenté par de belles figurines de bronze.

ANHOUR ET SCHOU.

Anhour est le dieu que Champollion nomme *Emphé*. C'est encore un dieu solaire dont les attributions spéciales ne sont pas bien connues; on le trouve souvent caractérisé par un bouquet de quatre plumes droites, qui forment sa coiffure. Une seconde forme du même personnage est nommée *Schou*. Le dieu est figuré ou debout ou un genou en terre; ses bras sont élevés en l'air et les tableaux célestes montrent la signification de ce geste. Ses deux bras soutenaient la voûte du ciel et semblaient diriger son mouvement. Le nom de *Anhour* signifie *amener le ciel*; celui de *Schou* s'interprète par *lumière*. Il est donc bien probable que c'est en effet la force céleste qui est caractérisée dans *Anhour-Schou*. Le dieu porte sur la tête un disque solaire ou une plume d'autruche, hiéroglyphe de son nom. *Schou* reçoit habituellement le nom de fils du soleil. On lui attribuait également un règne en Égypte, et l'on vantait la sagesse de ses lois. La forme d'*Anhour* se reconnaît dans plusieurs figurines de bronze; le dieu tient entre ses deux mains une corde et semble prendre la mesure de quelque espace. *Schou* est figuré dans de petites terres cuites émaillées de couleur bleu clair et dans quelques bronzes.

Le même dieu, associé à la déesse Tawné, prend la forme d'un lion; on les désigne alors sous le nom du couple de lions. Ils paraissent ici réunis dans un beau groupe de bronze et snr une égide du même métal.

MA.

Plusieurs déesses portent le titre de fille du Soleil. La déesse *Ma*, dont le nom signifie *justice* et *vérité*, était du nombre ; elle avait des fonctions funéraires importantes, que nous avons rappelées à propos du jugement de l'âme. Sa coiffure caractéristique est une plume d'autruche, hiéroglyphe du mot *Ma*. Elle est souvent accroupie, les bras enveloppés ; une belle statue de granit, au musée de Marseille, la représente debout, tenant le sceptre des dieux. Un cartonnage doré, dans le fond de notre armoire, la montre étendant ses ailes, en signe de protection. Ses figures sont en bronze, en lapis-lazuli ou en terre émaillée bleue.

SELK.

Cette déesse, également fille du Soleil, paraît ordinairement parmi les protectrices des entrailles. Son emblème est un scorpion qu'elle porte en coiffure ; elle est souvent identifiée avec Isis, à laquelle on donne alors le scorpion pour diadème. Selk avait aussi un rôle astronomique qui n'est pas expliqué jusqu'ici. Ses figurines sont ordinairement en lapis-lazuli. Les scorpions à tête de femme, en bronze, sont des emblèmes de Selk, destinés à des statues de cette déesse.

SEKHET.

Cette déesse, dans son premier type, porte une tête de lionne. Le Louvre possède de belles statues de cette espèce dans la salle des grands monuments. Beaucoup de figurines de Sekhet sont d'une forme extrêmement élancée; on faisait allusion, par cette taille si svelte, au flanc de la lionne, symbole de la déesse. Les Égyptiens estimaient extrêmement les tailles fines aux hanches doucement arrondies. Le Rituel funéraire assimile les membres de l'homme, transfiguré après la mort, aux parties du corps des diverses divinités. Les flancs sont assimilés à ceux de Sekhet. Sekhet portait le titre principal de la *grande chérie de Ptah*. On lui attribuait la création de la race asiatique, celle qui venait immédiatement après la race d'Égypte, dans l'ordre du tableau des familles humaines, tel qu'on l'a retracé à Thèbes, sur les tombeaux des rois. La création des Égyptiens était attribuée directement au dieu Ra. Sekhet avait un autre rôle comme déesse vengeresse des crimes; elle exterminait et torturait les coupables. La partie inférieure d'une figure en faïence bleue montre les jambes de Sekhet, assise sur un trône, sous lequel sont écrasés deux impies. Sekhet, dans ses deux rôles, semble caractériser la radiation solaire, dans sa double action vivifiante et destructive. L'action mortelle du soleil ardent des régions tropicales donne souvent lieu, dans les inscriptions, à des comparaisons très énergiques. Sekhet avait plusieurs variétés. Comme déesse de l'Égypte septentrionale, elle se nommait *Ouati;* le nom est écrit sur une statuette de bronze et sur une figurine de faïence bleu clair. Associée au dieu *Schou*, la déesse à tête de lionne se nommait *Tewnu*. On trouve aussi le nom de *Munhi* dans son rôle de vengeresse.

La même déesse, dans sa disposition favorable et gracieuse pour les hommes, se nommait *Beset* (la Bubastis des auteurs grecs); elle prend alors ordinairement la tête d'une chatte; elle tient dans sa main gauche le sistre, symbole de l'harmonie du monde. Une sorte d'égide, qu'elle porte sur le bras gauche, se compose d'une tête de la même déesse, couronnée de divers attributs, avec une sorte de manche orné d'une frange. La main droite tient un seau d'eau lustrale.

L'attribution de la chatte à cette divinité nous a valu une quantité de belles chattes en bronze et en faïence bleue. Les Égyptiens ont su imiter avec un talent infini l'attitude gracieuse des chattes d'Orient, habituellement plus sveltes que les nôtres ; les oreilles percées indiquent qu'on a souvent orné ces figures de bijoux. Il en était sans doute ainsi des chattes sacrées : on remarque également sur ces bronzes des colliers gravés et damasquinés en or. La forme des socles de ces chattes reproduit quelquefois l'hiéroglyphe du nom de la déesse (1).

Une belle statuette de Sekhet, en granit gris, occupe la colonne tronquée au milieu de la salle.

NOWRE-ATOUM.

Ce dieu est caractérisé par une coiffure composée de deux longues plumes qui sortent d'une fleur de lotus. Souvent il est debout, chaque pied posant sur un lion. Nowre-Atoum est qualifié fils de Sekhet, et plusieurs groupes le représentent à côté de sa mère : une belle égide réunit aussi leurs deux têtes. Ce dieu, ou un personnage divin du même nom, faisait partie du tribunal infernal, c'était l'un des quarante-deux assesseurs d'Osiris.

HOBS.

Les fonctions de ce dieu ne sont pas connues, il est caractérisé par une tête de lion. Un superbe bronze, placé sur la cheminée de cette salle peut être comparé aux figu-

---

(1) Je crois plutôt que c'est la forme du sistre qui est affectée par ces socles. (P. P.)

res de Hobs, qui cependant est ordinairement coiffé avec
une mitre ornée de deux plumes d'autruche.

HATHOR.

Cette déesse figure sur les plus anciens monuments de
l'Égypte ; c'était la divinité locale des établissements égyptiens de la presqu'île de Sinaï, et particulièrement des
mines de cuivre exploitées dès la quatrième dynastie.
Hathor était fille du Soleil ; les Grecs l'ont assimilée à
Vénus, et en effet elle était considérée comme le type de
la beauté, surtout sous le rapport des yeux. Elle porte
ordinairement sur sa tête l'hiéroglyphe de son nom: *un
dieu Horus dans un naos.* En effet, le nom d'Hathor signifiait *l'habitation d'Horus.* Une autre coiffure d'Hathor
consiste dans un disque solaire, orné de deux cornes et
surmonté souvent de deux longues plumes. Hathor, considérée comme déesse mère, est souvent identifiée avec Isis.
La vache était son emblème ordinaire ; alors souvent elle
était couronnée des attributs d'Hathor. Le sistre était particulièrement attribué à cette déesse ; sa tête, ornée des
oreilles de vache est une partie presque essentielle de la
base du sistre au son duquel les prêtres égyptiens attribuaient des propriétés mystérieuses.

Les temples d'Hathor se distinguaient par les chapiteaux
de leurs colonnes, qui étaient formés de têtes de cette
déesse, ornées d'oreilles de vache et surmontées d'un
naos.

Le rôle funéraire d'Hathor était très-important : sous
la forme d'une vache de couleur tachetée, elle recevait le
défunt arrivant à l'occident, c'est-à-dire au tombeau. Dans
ce type, elle prend souvent le nom de *Noub,* qui signifie,
au sens propre, l'or, et au sens figuré, le lieu où reposait
la momie et où le germe humain devait prendre sa nouvelle forme pour la résurrection. Elle semble alors s'iden-

tifier avec le ciel nocturne. Un des derniers chapitres du Rituel funéraire montre la vache d'Hathor jouant le rôle de la mère céleste, dans le sein de laquelle l'âme du défunt prendra naissance pour la vie éternelle.

Hathor est représentée dans de belles figures de bronze. Dans son rôle de mère où elle double Isis, elle tient son enfant sur les genoux et prend la tête symbolique de la vache. On trouve aussi des figurines de cette déesse en terre émaillée bleue.

Les tablettes supérieures et inférieures de cette armoire contiennent des stèles relatives au culte de ces diverses divinités, ainsi que les figures des divers animaux qui leur étaient consacrés.

ARMOIRE C.

Cette division est consacrée au mythe d'Osiris qui constitue un chapitre assez tranché dans la religion égyptienne. Osiris était le dieu local d'Abydos, et il est à peine mentionné dans les plus anciens tombeaux de Memphis. L'époque la plus florissante de la ville d'Abydos paraît avoir été la XIIᵉ dynastie, c'est peut-être à cette époque que le culte d'Osiris s'est étendu sur toute l'Égypte. Raconter en détail la légende d'Osiris dépasserait de beaucoup les bornes de cette notice; en voici la substance : La déesse *Nout* (1), qui représente la voûte céleste, épouse du dieu *Seb*, assimilé par les Grecs à Saturne, était accouchée de cinq enfants, dans les cinq jours complémentaires de l'année. Le règne d'Osiris, le premier de ces cinq dieux, avait été l'âge d'or de l'Égypte. Le cartouche d'Osiris, considéré comme roi d'Égypte, lui donne souvent le nom d'*Ounnowré*, qui signifie l'*être bon* par excellence. Son frère *Set*, le Typhon des Grecs, l'ayant détrôné, le

_____

(1) Netpé de Champollion.

tua et dispersa les fragments de son corps ; mais Isis, sa sœur et son épouse ayant réuni ces parties, après de longues recherches, ressuscita Osiris par ses enchantements. Elle avait été principalement assistée dans ses soins pieux par Nephthys, sa sœur, par Horus, fils d'Osiris et d'Isis, et par Thoth et Anubis, qu'on donne comme ministres de ce dieu. Horus triompha à son tour de Set et recouvra glorieusement le royaume de son frère, après divers incidents de cette guerre des dieux, qui est souvent rappelée dans le texte du Rituel funéraire. Les prêtres égyptiens avaient lié avec cette fable une quantité d'allégories. Le chapitre 17 du Rituel funéraire se joint au Traité d'Isis et d'Osiris pour nous faire considérer ce mythe comme se rapportant en partie à la cosmogonie : le triomphe d'Horus sur Typhon représente l'harmonie de la création succédant au désordre du cahos.

NOUT.

Cette déesse ne paraît pas différer de l'espace céleste ; c'est son corps allongé en voûte qui figure la sphère supposée liquide sur laquelle naviguent les constellations dans les tableaux astronomiques ; nous avons vu qu'elle s'étend dans les sarcophages au-dessus de la momie. Nous ne pouvons l'étudier ici que dans quelques cartonnages ; ses figures sont extrêmement rares. Elle porte sur la tête le vase, symbole de son nom ; elle étend ses ailes, en signe de protection. On la voit également sur les coffrets et sur les vases à libation, distribuant l'eau céleste du haut de son sycomore.

SEB.

Le dieu *Seb*, son époux, manque jusqu'ici à notre collection ; ses figures sont encore plus rares. On le voit sou-

vent peint dans les temples et sur les boîtes de momie.
Dans les scènes funéraires, il est figuré couché ; le corps
de son épouse, étendu, forme la voûte au-dessus de lui. Seb
était censé avoir régné en Égypte avant Osiris. Son nom
paraît signifier *le temps* ; ses symboles sont une étoile et
une oie, dont les noms se prononçaient également *Seb.*
On peut le voir figuré debout, avec l'oie sur la tête, à l'intérieur du deuxième cercueil de Soutimès, parmi les
divinités qui décorent le flanc droit de la partie inférieure.

OSIRIS.

Les figures d'Osiris sont extrêmement nombreuses et de
toutes matières (1). Son diadème ordinaire, comme juge
infernal, se nommait *atew* : il est composé d'une mitre
conique, ornée de deux plumes d'autruche et de longues
cornes, auxquelles s'ajoutent souvent des uræus ou d'autres attributs. Son corps est enveloppé comme celui de la
momie ; il tient en main le crochet et le fouet, symboles
du gouvernement. Osiris est quelquefois identifié avec la
lune ; plusieurs bronzes reproduisent cette variété, où le
dieu porte sur la tête un disque lunaire, sur lequel est
gravé l'œil symbolique.

Quelques figures de bronze se rapportent à un autre
type d'Osiris représenté debout, court vêtu et marchant.
Sa couronne est alors le *pschent,* emblème de la royauté
sur les deux parties de l'Égypte, et sa coiffure, courte et
composée de petites boucles séparées, reproduit la mode
usitée sous les premières dynasties memphites. Il se
nomme alors *Nowre-Hotep,* ce qu'on pourrait interpréter
bon pacifique.

Une troisième forme d'Osiris est celle qui l'identifie

---

(1) Celles de terre émaillée sont rares.

avec le dieu *Ptah*, sous le nom de *Ptah-Sokar-Osiris*. Nous avons montré cette forme à l'article du dieu *Ptah*. Osiris y prend une tête d'épervier coiffée du disque solaire et semble identifié avec le soleil infernal. Il est souvent représenté alors par l'épervier couché sur un tombeau. Un cartonnage nous montre ici cet épervier voguant dans une barque céleste.

Le dieu Apis était, après sa mort, identifié avec Osiris ; aussi le représentait-on sous les pieds de quelques momies, emportant au grand galop la momie d'Osiris vers la montagne d'occident. Le culte de *Sérapis*, tel qu'il se répandit dans l'empire romain, est un mélange qui n'appartient pas réellement à la religion égyptienne.

SET.

Set est le nom égyptien du Typhon des auteurs grecs, le frère aîné et le meurtrier d'Osiris. Son culte eut une grande vogue sous divers souverains de la dix-huitième et de la dix-neuvième dynasties ; mais une réaction violente s'opéra plus tard, car les figures de ce dieu furent détruites ou mutilées avec soin, ce qui les rend extrêmement rares dans nos musées. Son animal symbolique est un quadrupède carnassier, caractérisé par un museau long et un peu busqué et par deux oreilles droites et larges du bout. Ces caractères sont souvent exagérés pour distinguer sa tête de celle du chacal au museau fin, aux oreilles pointues.

Un groupe en pierre d'une fine sculpture réunit ici le dieu *Set* à la déesse Nephthys, sa sœur (et son épouse, suivant le traité d'Isis et d'Orisis). Ce groupe a heureusement échappé à la mutilation dans ses parties essentielles ; le dieu a sa tête symbolique coiffée du double diadème. Une inscription qui couvre le dos de ces figurines nous apprénd que ce morceau apparlient au règne de Ramsès II (1).

ISIS.

Isis, sœur et épouse d'Osiris, se présente dans diverses attitudes, suivant la circonstance qu'on voulait rappeler. Sa coiffure la plus ordinaire, dans les figurines, est le trône, qui n'est autre chose que l'hiéroglyphe du nom de la déesse. Sa coiffure est un disque avec deux cornes de vache ; elle se trouve dans ce type presque complétement confondue avec Hathor, et de très-anciens monuments lui donnent déjà la vache pour symbole. Isis, lorsqu'elle est seule, est figurée, ou debout les bras pendants, ou étendant des ailes pour couvrir la momie d'Osiris (2) pendant l'opération mystique qui doit lui redonner la vie, ou bien encore portant les mains à son front: c'est alors l'attitude du deuil, pendant lequel elle avait prononcé les formules qui avaient eu le pouvoir d'évoquer l'âme d'Osiris.

L'âme d'Isis était placée dans l'étoile de Sirius, qui, sous le nom de *Sothis*, jouait un très-grand rôle dans le calendrier et l'astronomie mythiques des Égyptiens.

Isis, dans son rôle de mère, tenait sur ses genoux le petit Horus, auquel elle présentait le sein. Plusieurs figures de la collection du Louvre, représentant cette scène, sont d'une admirable exécution. On en trouve en terre émaillée, en bronze, en or et en pierres dures de toutes sortes.

(1) Il provient de la collection Palin, où il avait été décrit comme une figure d'Apis.

(2) Cette attitude est reproduite dans plusieurs figurines de bronze.

NEPHTHYS.

Nephthys était la sœur d'Isis ; elle l'avait aidée dans ses travaux pour retrouver et ressusciter Osiris ; elle avait également partagé ses soins pour l'éducation d'Horus. Elle est ordinairement représentée debout : sa coiffure est une corbeille sur une maison, hiéroglyphe de son nom égyptien, *Nebti*. Souvent aussi elle porte les mains à son front ; ce geste indique qu'elle prend part aux lamentations d'Isis. Outre les figurines qui nous montrent ici Nephthys isolée, elle se trouve dans plusieurs groupes avec Isis, à côté d'Horus enfant, et nous l'avons signalée tout à l'heure auprès de *Set*, que la légende lui donnait pour époux.

ANUBIS.

Ce dieu est toujours caractérisé par une tête de chacal ; il avait présidé avec Horus aux détails de l'embaumement d'Osiris ; il était chargé de veiller spécialement sur la momie, qu'on représente souvent entre ses bras ; son nom égyptien était *Anepou*. Le chacal, qui se plaît dans les tombeaux, était son emblème naturel ; on lui donnait quelquefois la couleur noire, pour mieux indiquer son rôle funéraire. C'est ce dieu que représentent les chacals, couchés, comme des gardiens fidèles, sur les coffrets funéraires. Ce dieu avait encore un rôle, mal défini jusqu'ici, où il est représenté tirant de l'arc ; plusieurs figurines en bois et en faïence émaillée montrent Anubis avec cet attribut.

LES QUATRE GÉNIES FUNÉRAIRES.

Leurs noms égyptiens étaient *Amset, Hapi, Tiou-mautew, Kebah-senouw*. Ils étaient censés fils d'Osiris, et chargés de veiller à la conservation des principaux viscères de l'homme. Leurs têtes symboliques sont ajustées, soit à des corps humains, soit à des momies, soit enfin à des vases funéraires de diverses matières (1).

THOTH.

C'était le fidèle conseiller d'Osiris : il avait aidé Horus dans les soins pieux qu'il avait rendus à son père, et l'avait assisté dans ses combats contre Set. On lui attribuait spécialement l'honneur d'avoir justifié (2) Osiris contre ses ennemis; son rôle funéraire repose sur cette légende. Thoth rendait compte à Osiris du pèsement de l'âme; il assistait le défunt dans cette opération et lui ouvrait les portes célestes. Thoth était aussi l'inventeur de l'écriture et de toutes les sciences; on rapportait à ce dieu la rédaction des livres sacrés, et il était nommé l'*écrivain des dieux* et le *seigneur de la parole divine*.

Des dessins sur papyrus le font voir ici dans son rôle funéraire; mais il avait un autre caractère qui ne semble se rattacher à ceux-ci par aucun lien apparent. Thoth est identifié avec le dieu Lune. La tête d'Ibis, qui le caractérise ordinairement, est surmontée du disque et des deux cornes en croissant. Quelquefois une tête humaine porte pour coiffure la tête d'Ibis, avec le diadème *atew*. De belles figures de bronze, de faïence émaillée et de lapis-lazuli le représentent avec ces attributs. Thoth-Lune a quelquefois le corps entièrement nu et modelé comme celui d'un enfant aux formes élancées, c'est probablement la lune à son pre-

(1) Voyez l'article des canopes à la salle funéraire.

(2) Suivant l'heureuse interprétation de Th. Devéria, l'aide apporté à Osiris par Thoth (la Raison), c'est le don qu'il lui a fait de l'autorité de parole, de la faculté de persuasion par laquelle il a triomphé de ses ennemis sans coup férir. Osiris étant l'Être bon par excellence, ne peut avoir besoin d'être justifié. (P. P.)

mier quartier; plus souvent il est adulte et vêtu de la *schenti*; il porte alors quelquefois dans ses mains l'œil d'Horus, sympole de la pleine lune. Dans son caractère de dieu Lune, Thoth est souvent identifié avec le dieu Khons de Thèbes.

Outre l'ibis, Thoth avait pour emblème le singe cynocéphale, qui le remplace fréquemment. Ces singes et les chacals d'Anubis sont rassemblés sur la tablette inférieure de cette armoire. Dans le bas, plusieurs coffrets montrent Osiris dans son rôle de juge et d'autres scènes de l'Amenti, où figurent Thoth et Anubis. Une boîte de pierre calcaire, avec la figure d'un ibis couché, renfermait une momie d'ibis.

ARMOIRE D.

HORUS.

La légende d'Osiris représente ce dieu comme fils d'Isis et d'Osiris. Il avait vaincu Set et vengé la mémoire de son père. Il n'avait pas tué son adversaire, il l'avait émasculé, c'est-à-dire qu'il avait affaibli le principe du mal de manière à assurer le triomphe des lois divines sur les forces désordonnées de la nature et sur les efforts des mauvais esprits. Le rôle funéraire d'Horus se rattache à la même légende : il assistait l'homme juste au pèsement de l'âme, et jouait le premier rôle dans la punition des coupables, aux enfers. Mais le culte d'Horus, en s'étendant dans les diverses localités, avait subi des variations presque innombrables. Horus, enfant, est représenté le corps nu et les jambes encore légèrement courbées; il reçoit pour coiffure la tresse pendante, symbole de l'enfance. Il porte le doigt à sa bouche comme les petits enfants. Souvent, il est entre Isis et Nephthys qui lui avait servi de seconde mère. Il prenait diverses coiffures lorsqu'on l'identifiait avec le *dieu fils* des triades locales; c'est ainsi qu'il figure *Hor-Amon* avec les deux longues plumes qui sont propres au premier dieu de Thèbes.

Horus, fils d'Isis, paraît quelquefois confondu avec Haroëris ou Horus l'aîné. Celui-ci, qui semble avoir été frère d'Osiris, porte une tête d'épervier coiffée du pschent, il est presque complétement identifié avec le soleil dans la plupart des lieux où il était adoré, et il en est de même très-souvent pour Horus, fils d'Isis.

Horus, comme dieu Soleil, avait un trône soutenu par des lions dont notre musée offre un bel échantillon en bronze. Horus, enfant, devenait alors le soleil levant; on le plaçait sur un lotus dont le bouton s'élance du fond des eaux, lorsqu'il va s'épanouir, comme le soleil levant du sein de l'éther céleste, que l'on croyait liquide. Le soleil, dans sa force, dissipant les ténèbres et desséchant les terrains impurs, était personnifié dans Horus vainqueur. On le représentait armé d'un dard et perçant le serpent géant *Apophis*, symbole de Set et, en général, des puissances malfaisantes (1).

Horus enfant, en égyptien *Harpochrate*, portait le doigt à la bouche ; c'était un symbole de l'enfance qu'on a pris mal à propos pour le signe du silence. Une figurine de terre émaillée, d'un bleu céleste, le montre dans cette attitude. Ce type a dégénéré dans les imitations grecques et romaines, et s'est divisé en variétés innombrables. Quelques terres cuites, placées sur la seconde tablette, montrent ce dieu avec divers attributs nouveaux qui ne se rencontrent pas dans les monuments de style égyptien.

Dans le haut de cette armoire, on a placé deux grandes

_____

(1) Suivant une autre légende, *Set* était au contraire lui-même le premier vainqueur du serpent; une stèle du Musée de Leyde le représente dans l'attitude de percer le reptile avec un dard.

figures d'Isis et de Nephthys dans leur rôle de pleureuses (1). Le bas rassemble les éperviers, symbole d'Horus, ainsi que les uræus ou vipères représentant des déesses (2). On trouve particulièrement sous la forme de l'uræus : 1° la déesse des moissons nommée *Rannou;* 2° les deux déesses qui présidaient aux deux divisions du ciel. Une petite stèle en pierre calcaire est consacrée au culte de ces déesses. *Souban,* déesse du ciel supérieur, était spécialement protectrice de la maternité.

ARMOIRE F.

BES.

Aucune divinité égyptienne n'est aussi peu connue jusqu'ici que le dieu monstrueux dont les formes diverses sont rassemblées dans cette armoire. Son corps est ordinairement modelé comme celui d'un homme très-petit, très-trapu et dont les muscles sont extrêmement développés. Ses yeux semblent être empruntés au taureau, ses oreilles dérivent du même type, ses cheveux tombent en boucles sur son cou comme la crinière d'un lion. Il porte, comme Hercule, une peau de lion sur le dos. Une terre cuite de basse époque le représente dans les bras d'une mère dont les traits indiquent la même race. On peut rapporter ses variétés à deux caractères principaux. Dans l'un il paraît comme un dieu guerrier : il est armé d'un bouclier, et brandit son épée ou tire de l'arc. Sa langue, qui pend hors de sa bouche, semble encore lui donner un caractère de bestialité plus féroce. Sa coiffure ordinaire se compose d'un bouquet de plumes d'autruche. Un petit bronze de la collection nous le montre cependant sous la

(1) Ces deux statuettes ont été transportées dans l'armoire C.

(2) Ces objets sont dans l'armoire H.

forme d'un guerrier de proportions ordinaires, mais coiffé de la mitre pointue de la haute Égypte. Le nom de *Bes* lui est appliqué sur des bas-reliefs de la basse époque. Ses représentations sont rares sur les monuments anciens, elles existent néanmois depuis une très-haute antiquité.

Le second caractère du dieu le montre comme se plaisant à la danse et au jeu des instruments. Souvent il joue de la harpe ou frappe des cymbales. On ne connaît pas bien les fonctions que lui attribuaient les Égyptiens. Dans son premier caractère, on le trouve figuré dans le Rituel funéraire, au chapitre 145, comme gardien du vingtième pylône; il est aussi représenté comme égorgeant des captifs. C'est sans doute au contraire à son second caractère qu'il faut rapporter l'usage où l'on était de placer sa figure sur les chevets (1) et surtout sur les objets destinés à la toilette des femmes. Il est aussi représenté en adoration devant le soleil levant. Son aspect général lui donne une analogie frappante avec les personnages qui accompagnent les taureaux à tête humaine, dans les monuments assyriens (2), tandis que son caractère belliqueux et son goût pour la musique rappellent les centaures de la Grèce. Les figures de ce dieu se trouvent en toutes matières: pierres, bois, terre cuite et métaux ; les bronzes sont rares jusqu'ici.

Le dieu Bes reçoit aussi plusieurs autres noms, et il est employé dans beaucoup de groupes où ses attributs sont mêlés avec ceux d'autres divinités. Revêtu des attributs d'Ammon, il compose une divinité panthéistique : quelquefois il a seulement une double tête, et c'est ainsi qu'on le trouve figuré dans les dernières vignettes de

(1) Peut-être aussi pour chasser les songes funestes attribués à de mauvais génies.
(2) Une des légendes de *Bes* le fait venir du *Ta-neter*, pays d'Asie, situé probablement vers le nord de l'Arabie.

quelques Rituels funéraires. Souvent sa coiffure est ornée d'un naos où l'on voit le taureau Apis; enfin sa tête est un élément essentiel du groupe qui nous reste à décrire.

HORUS SUR LES CROCODILES.

La scène qui réunit le dieu Bes à Horus se compose ordinairement d'une stèle en pierre à laquelle est adossé le jeune Horus. Ce dieu, dont le corps est nu et qui porte la tresse courbée, coiffure de l'enfance, est debout sur deux crocodiles qui retournent la tête. Ses mains tiennent un scorpion, un lion, deux serpents et une gazelle. A droite et à gauche sont deux étendards, dédiés à deux formes du soleil. Quelquefois d'autres dieux accompagnent la scène principale, sur laquelle plane toujours la tête du monstre Bes. Ces monuments sont tous de basse époque, et leurs inscriptions, ordinairement mal gravées, sont très-difficiles à lire. La principale formule d'invocation, celle qui me paraît caractériser le dieu dans cette forme, le nomme le *vieillard qui redevient jeune*. En suivant cette indication, on peut penser que cet ensemble de symboles représente l'éternelle jeunesse de la divinité, victorieuse du temps et de la mort ; idée que le soleil levant personnifiait d'une autre manière. Le crocodile ne peut pas retourner sa tête : c'était, chez les Égyptiens, le symbole de la chose impossible. Le dieu, rajeuni, foule aux pieds cet emblème, il a triomphé de la mort, il a fait retourner la tête aux crocodiles, qui étaient aussi la figure des ténèbres. On peut penser que la tête du monstre Bes représente ici la force destructive, et complète l'idée du cercle perpétuel qu'établit dans l'univers la succession de la vie et de la mort. Ces emblèmes ainsi rassemblés ne se sont pas trouvés jusqu'ici sur les anciens monuments.

7

VITRINE F.

Divers attributs des dieux, en bronze. Portions de coiffures symboliques, cornes, plumes, etc.

Encensoir ou brûle-parfums ; le manche se termine par une tête d'épervier.

Fouet sacré, en bronze, incrusté d'émaux de diverses couleurs.

Un petit bâton symbolique en bois se terminant d'un côté par la main fermée et de l'autre par la figure d'un monstre qui dévore un homme en montant sur ses épaules et lui avalant la tête.

VITRINE G.

Barbes divines et humaines tressées, en bronze; l'une d'elles est incrustée d'émaux. Portions de sistres et d'égides ; sur l'une d'elles on voit Isis allaitant le jeune Horus; et plus bas, le même dieu sortant d'une touffe de lotus.

ARMOIRE H.

Le bas de cette armoire contient des uræus, des serpents et reptiles sacrés. Dans le corps de la vitrine, collection d'éperviers à tête humaine, symboles de l'âme.

VITRINE I.

Divers attributs sacrés en terre émaillée: portions de sistres ; petits modèles de pics, de pioches, de hoyaux, de bâtons pour porter des seaux sur les épaules.

Divers attributs composés de l'index et du médius, en basalte, pâte de verre et pierres diverses.

Petits pendentifs de collier en terre émaillée avec des figures divines en bas-relief.

VITRINE J.

Grands modèles de l'œil symbolique sur feuilles de métal. Yeux d'homme et de vache ou taureau, en émail, enchâssés dans du bronze. Sourcils en émail. Ces objets étaient destinés à la décoration des momies et des statues de diverses matières. Un œil humain mérite d'être remarqué : la pupille est en cristal, enchâssée dans un quartz blanc, suivant la méthode usitée à Memphis, dès les plus anciennes époques de l'art.

ARMOIRE K.

Le Panthéon égyptien est ici rassemblé (1); les figures d'un petit modèle et quelques-unes dont la beauté méritait d'être remarquée, composent cette petite collection. On voit, dans le fond, plusieurs formes d'Ammon-Panthée : dans l'une, le corps est formé par le scarabée, symbole de la génération divine. Les figures d'Isis mère et du dieu Imoutès peuvent passer pour les chefs-d'œuvre des figurines en terre émaillée. On peut en dire autant du petit Ptah sur les crocodiles , groupe analogue à celui d'Horus sur les crocodiles (2), mais dans lequel le jeune dieu est remplacé par *Ptah embryon*. Parmi les bronzes, la figure d'*Anhour* est d'une grande finesse, ainsi que celle d'un personnage à tête de taureau, qui tient un cordeau, comme *Anhour*.

Parmi les divinités dont les figures sont les plus difficiles à rencontrer, on peut citer : 1º le dieu *Set*, l'adversaire d'Osiris, gravé sur le revers d'un scarabée; une se-

(1) J'ai placé sur presque toutes les statuettes de cette armoire les noms des divinités qu'elles représentent. (P. P.)

(2) Voyez page 145.

conde figure du même personnage, gravée sur un scarabée, porte le *pschent* ou double diadème, le nom *Noub-ti* est écrit auprès; c'est le nom local de *Set* comme dieu éponyme de la Nubie; 2º la déesse *Sati*, épouse de Chnouphis; la coiffure qui lui est propre se compose d'une mitre pointue ornée de deux longues cornes de vache; 3º le dieu Nil; il est couronné de lotus et tient un vase à libations. C'est le Nil céleste qui régnait dans les régions cultivées par les mânes; 4º Anubis, à tête de chacal, avec des jambes et des bras humains et un corps d'oiseau; il est dans son rôle d'*Archer* : 5º un beau bronze représentant une déesse mère avec une tête de brebis; le jeune dieu était en effet quelquefois appelé dans les textes sacrés *agneau, fils de brebis*. Cette déesse a la coiffure d'Hathor.

Sur la seconde tablette sont quelques figures dont le sens est tout à fait inconnu jusqu'ici et, entre antres, une déesse debout, à corps humain surmonté d'une tête d'autruche et tenant le sceptre divin. Ces types paraissent d'une basse époque, ainsi que la forme d'Osiris qui consiste en un corps ovoïde surmonté d'une tête barbue, coiffée du diadème *atew*.

Dans le bas de l'armoire, un génie à tête d'épervier, le bras droit levé, le bras gauche sur sa poitrine, représente les esprits de la terre en adoration devant le soleil. La même attitude est répétée par un roi dont le nom n'est pas écrit. Ces deux bronzes sont d'une finesse remarquable. Un crocodile à tête d'épervier est l'emblème du dieu *Sébek-Ra*, dieu solaire, principalement adoré à Ombos. Il est peint sur les monuments comme un homme à tête de crocodile; ou bien, comme ici, désigné par le crocodile lui-même, couché sur un pylône; la tête d'épervier complète ici son identification avec le soleil.

La stèle de pierre calcaire, placée dans le bas de cette armoire, est un monument très-curieux, qui constate l'im-

portation en Égypte de plusienrs divinités adorées en
Asie, vers le temps de la dix-neuvième dynastie. La déesse
principale est une Vénus asiatique. Contre l'habitude
égyptienne, elle est figurée entièrement nue, le pubis
peint en noir : elle porte, comme ornement, un collier,
des bracelets et une ceinture sur les hanches. Sa coiffure
et son diadème sont les mêmes que ceux de la déesse Hathor. Elle est vue de face et posée debout, sur un lion
passant. Elle tient en main des lotus et des serpents. Son
nom ordinaire est *Qadesch;* c'est celui d'une place forte
d'Asie qui joue un grand rôle dans les campagnes des rois
d'Égypte. Sous un second nom, *Anta,* également asiatique,
elle prend le caractère d'une déesse guerrière, armée de
la lance et du bouclier. On lui a donné pour compagnons :
1º un personnage également étranger à l'Égypte, nommé
Reschpou, dont le bandeau est orné d'une tête de gazelle
et qui a tous les attributs d'un dieu belliqueux; 2º la forme
ithyphallique d'Ammon. Ces deux parèdres répondent
parfaitement au double caractère de Vénus et de Bellone,
avec lequel nous apparaît cette divinité. Importée à
Thèbes à la suite des grandes expéditions de la dix-huitième et de la dix-neuvième dynastie, Qadesch eut, dans
cette ville, son temple et son collége sacerdotal. Les dédi-
cateurs de notre stèle en faisaient partie. |

VITRINE L.

Les symboles religieux sont disposés dans ces vitrines ;
en général ils ont servi d'amulettes; on en a composé des
colliers entiers ou d'autres décorations. La vitrine L contient les diverses variantes du *Tat.* Cet objet, qu'on a
longtemps appelé un *nilomètre,* est un autel à quatre de-
grés : dans les hiéroglyphes, il désigne la stabilité parfaite et probablement le *Plérôme,* c'est-à-dire, le but final

et parfait que l'âme devait atteindre à l'imitation d'Osiris. Lorsqu'il est surmonté d'un diadème, il devient l'emblème d'Osiris infernal,

D'autres emblèmes reproduisent les nœuds sacrés, parmi lesquels le plus connu, qu'on appelle la croix ansée, est le symbole de la vie.

VITRINE M.

Symboles et attributs de toutes sortes en bois doré, ou bien repoussés ou gravés sur des feuilles d'or.

VITRINE N.

Symboles et attributs en pierre dure ou en terre émaillée et pâtes de verre. Destinés à faire des amulettes, ces symboles ont ordinairement des sens favorables ; ainsi par exemple, les colonnes vertes, au chapiteau composé d'une fleur de lotus, étaient le symbole d'une vie heureuse et abondante ; l'angle droit signifiait l'adoration et le mystère, etc. Deux pièces extrêmement rares, en faïence bleue, font voir en détail la tête de l'animal qui surmontait les sceptres divins ; ses longues oreilles lui donnent une grande analogie avec le lévrier ; la disposition spéciale des poils indique cependant un animal sauvage : un petit fragment d'émail, travaillé dans le plein avec une exactitude merveilleuse, montre le sceptre divin, orné de cette même tête symbolique.

VITRINE O.

Les yeux d'Horus étaient multipliés à l'infini et en toutes sortes de matières ; on y attachait un symbolisme très-étendu. L'œil droit se rapportait au soleil et l'œil gauche à la lune. On les prenait aussi quelquefois pour les deux divisions du ciel ; ils remplaçaient alors les ailes du disque ailé. Mais le principal sens attaché à cet emblème si vénéré paraît avoir été l'époque de l'accomplissement des périodes astronomiques. L'œil ainsi figuré, avec un appendice au-dessous du globe, se nommait en égyptien *Outa*. Ce mot indiquait *l'équilibre* et l'accomplissement des phases des périodes lunaire et solaire. Le sort de l'homme étant assimilé à celui des astres, le retour du soleil à son *Outa*, c'est-à-dire, au point initial de ses périodes diverses, était l'emblème et comme le gage perpétuel de la résurrection de son âme, après qu'elle aurait parcouru les périodes infernales. Ces idées expliquent la singulière vénération qu'obtint ce symbole qu'on trouve répandu à profusion. Les Égyptiens y employaient toutes les matières précieuses dont ils avaient connaissance.

VITRINE P.

Collection des amulettes en forme d'animaux sacrés. Les lions et les taureaux ont souvent dans leur petitesse une grandeur de style qui étonne. Les grenouilles appartenaient à une déesse nommée Haké. Le hérisson, en terre émaillée bleue, est dédié à la déesse Sekhet. On peut encore citer, pour la beauté du travail et la finesse de leur matière, la tête de bélier couronnée d'un uræus et la tête de bouquetin : celui-ci a perdu ses cornes, mais la pâte bleu clair dont il est composé mérite l'attention ; elle se retrouve avec la même nuance dans les monuments d'Assyrie. Un petit bouquetin en faïence verte est modelé avec une perfection que sa petite dimension rend plus admirable encore.

VITRINE Q.

La série de scarabées commence à cette vitrine. Les

Égyptiens racontaient que tous les scarabées étaient mâles, ils en avaient fait le symbole de la génération paternelle et, dans un sens mystique, de la génération divine. Ils l'appliquaient également à la procréation de la matière et du monde, et à l'incubation mystérieuse qui présidait, après la mort, à la rénovation du genre humain pour une vie éternelle. Dans les derniers temps seulement, le scarabée fut le symbole du monde. Aucun emblème n'eut un rôle plus étendu et ne fut d'un usage plus général ; la première série contient des scarabées de toute matière, dont le revers est sans gravure. Les gros scarabées funéraires ont trouvé leur place dans une autre salle. Plusieurs variétés appellent ici l'attention : ainsi on voit quelques scarabées auxquels on a donné la tête d'un bélier, autre symbole du pouvoir régénérateur de l'élément mâle. Une autre amulette très-fine, en pierre dure émaillée, représente un homme accroupi dans l'attitude de l'embryon ; l'ensemble imite un scarabée : c'est une nouvelle variante du même symbole. Cette vitrine et les deux suivantes R, S, contiennent les scarabées dont le revers porte une légende gravée. Ils sont rangés en diverses séries d'après les sujets qu'on y a gravés; mais l'explication, même très-sommaire, de ces symboles et de ces légendes dépasserait de beaucoup les bornes d'une simple notice, et ne pourrait être comprise qu'après une étude approfondie de tous les détails des croyances égyptiennes.

ARMOIRE T.

[Dans le bas de l'armoire, égides de Sekhet et d'Isis; petite table d'offrande en pierre calcaire au nom d'un *Ptah-meri*; petites chapelles en bois dont l'une était surmontée d'un dieu assis entre deux cynocéphales.

Sur la tablette, deux fragments de chapiteau de naos en

bronze incrusté ; statuettes d'Ammon et d'Horus en bronze et quelques autres figurines de divinités.

Dans le corps de l'armoire sont des figurines de prêtres et d'adorateurs] et une série de petits seaux couverts de figures de divinités. Parmi les seaux à libations, le plus grand est un don de Clot-Bey. La principale des représentations qui y sont gravées se compose habituellement d'un sycomore entre les branches duquel apparaît la déesse de l'éther céleste. Elle verse l'eau divine à l'âme d'un défunt qui la reçoit à deux mains pour la boire. Les légendes expliquent que cette eau doit la revêtir d'une nouvelle jeunesse.

Le haut de cette armoire renferme une curieuse collection d'enseignes ou bouts de bâtons de prêtres, destinés à figurer dans les processions. On y distingue particulièrement le soleil sous la forme du griffon ; la chatte, dans une barque sacrée ; l'ichneumon debout, c'est un symbole solaire, comme le montre le disque qui orne sa tête ; Horus, enfant, sur un lotus qui s'épanouit, symbole du soleil levant ; le cynocéphale de Thoth-Lunus et le scorpion de la déesse Selk.

DERNIÈRE SALLE DE LA GALERIE ÉGYPTIENNE.

[Par suite du développement de la collection égyptienne, on a été obligé de placer ici, et par conséquent hors série, divers monuments tels que les cercueils royaux E, F de la salle historique, les armoires H, K, T de la salle des dieux, etc., dont le lecteur trouvera la mention dans la description des salles auxquelles ils appartiennent.

Au centre de cette salle] se trouve une statue en granit noir, repolie et retouchée par une main moderne : une belle inscription, gravée derrière cette figure, nous apprend qu'elle représentait un commandant des provinces du Midi nommé *Nesa hor*. Il vivait sous le roi Ouaphrès (vers 585 av. J. C.); il tenait sur ses genoux une triade divine, composée de *Cnoum, fabricateur des dieux et des hommes*, et des déesses *Sati* et *Anouké*; ce sont les déesses d'Éléphantine, où sans doute *Nesa-hor* résidait pour exercer son commandement.

[On remarquera en outre, devant la fenêtre du milieu, le sarcophage quadrangulaire en bois peint d'une prêtresse d'Ammon nommée *Ta-schep-en-Khons*; il est recouvert de représentations relatives à la vie d'outre-tombe et d'extraits du livre des morts.

Près de l'armoire K, un sarcophage de même forme a

été fait pour la princesse *Ar-Bast-ouza-niwou*, qui paraît être fille du roi Takelot II (vingt-deuxième dynastie). On peut voir dans l'armoire D de la salle historique un couvercle de cercueil au nom de cette même princesse.

Au fond de la salle, deux armoires contiennent, l'une divers papyrus funéraires et religieux en écriture hiératique et hiéroglyphique cursive; et l'autre, des stèles du Sérapéum qui n'ont pu être exposées au rez-de-chaussée.] (P. P.)

TABLE DES MATIÈRES.

Paris. — Typ. CHARLES DE MOURGUES frères. — 369.

www.ingramcontent.com/pod-product-compliance
Lightning Source LLC
Chambersburg PA
CBHW050017100426

42739CB00011B/2688